NÄHEN
für Anfänger

Mit vielen Nähideen für Einsteiger – Taschen nähen, Kleidung, DIY Accessoires, Deko und vieles mehr!

Anna Fisch

Bibliografische Information der Deutschen Nationalbibliothek.

Die Deutsche Nationalbibliothek verzeichnet diese Publikation in der Deutschen Nationalbibliografie; detaillierte bibliografische Daten sind im Internet über http://dnb.dnb.de abrufbar.

Für Fragen und Anregungen:
info@eulogiaverlag.de

ISBN Print: 978-3-96967-264-8
ISBN E-Book: 978-3-96967-265-5

Originale Erstausgabe 2022

Eulogia Verlags GmbH
Gänsemarkt 43
20354 Hamburg

Lektorat: Ramon Thorwirth
Satz und Layout: Tomasz Dębowski
Umschlaggestaltung: Aleksandar Petrović

NÄHEN
für Anfänger

Mit vielen Nähideen für Einsteiger – Taschen nähen, Kleidung, DIY Accessoires, Deko und vieles mehr!

EULOGIA VERLAG

Inhalt

Vorwort

Nähen ist Leidenschaft ...

Wenn man von Anfang an gewisse Kleinigkeiten beachtet und weiß, worauf man achten soll, bin ich mir sicher, dass man Begeisterung und Liebe zu diesem Hobby entwickeln kann. Denn was gibt es denn Schöneres, als wenn man seiner Kreativität und seinen Ideen freien Lauf lassen kann und daraus wunderbare Werke entstehen?

Annas Nähschule ist aus einem Hobby entstanden – und ich hätte nicht gedacht, dass es mit so viel Begeisterung von meinen Zuschauern bei YouTube angenommen wird.

Natürlich habe auch ich klein angefangen, denn kein Meister ist vom Himmel gefallen und bis man etwas perfektioniert hat, dauert es seine Zeit. Deshalb ermutige ich immer wieder meine Zuschauer und Nähfreunde, nicht beim ersten Stolperstein sofort aufzugeben, denn Übung macht den Meister – und der eine oder andere Rat von jemandem, der sich auskennt ...

Nähen zu können ist wundervoll! Ist dir schon mal aufgefallen, dass sich die Menschen über handgemachte Geschenke riesig freuen? Handgemachte Taschen, Accessoires und Kleider werden sehr lange gebraucht, aufbewahrt und geschätzt ... Warum ist das so? Ich denke, es ist die Liebe und die Energie, die man in den Herstellungsprozess hineinfließen lässt. Die Zeit und Herzenswärme, die man in ein selbst genähtes Stück investiert, spürt unser Gegenüber und fühlt sich wertgeschätzt.

Von Anfang an den richtigen Stoff, das richtige Garn und die richtige Nadel auswählen zu können und über einige Stiche und Nähte Bescheid zu wissen, wäre mir persönlich eine große Hilfe gewesen. Da es mir am Herzen liegt, dass du einen guten Start in das Nähhandwerk hast, erkläre ich dir in diesem Buch alles, was du für den Anfang brauchst und wissen musst. Ich führe dich durch einfache Projekte aus Webwaren über Projekte aus Jersey bis hin zu der Bluse nach eigenen Körpermaßen.

Du gehst Schritt für Schritt vom Status des Anfängers alle Lernstufen mit vielen Bildern und Begleitvideos durch bis zum Status des Fortgeschrittenen.

Mit Tipps und Tricks sowie mit den richtigen Materialien ausgestattet kann dir nichts mehr im Wege stehen, um deine eigenen Werke ganz einfach ohne Schnittmuster entstehen zu lassen!

Ich wünsche dir ganz viel Freude und eine wunderbare, kreative Zeit mit Nadel und Faden.

Habe ganz viel Spaß beim Nähen ...

Deine Anna

Kapitel 1

In diesem ersten Kapitel möchte ich dich an die Hand nehmen und dir einiges Wichtiges zum Thema Nähen erzählen. Als Anfänger steht man nämlich oft da und fragt sich, wo man anfangen soll, welches Nähzubehör man braucht, auf was es ankommt, was man wissen muss und was mit dem ganzen Fachchinesisch gemeint ist ...

Um dir die ersten Schritte beim Nähen zu erleichtern, gehe ich auf das Nähzubehör, Stoffarten, Fachbegriffe und Sticharten ein und gebe dir einige Tipps mit auf den Weg.

1.1 Nähzubehör

Nähmaschine

Das wichtigste Nähwerkzeug ist natürlich die Nähmaschine. Solltest du ein kompletter Neuling auf diesem Gebiet sein und hast das Nähen noch nicht ausgetestet, ist es empfehlenswert, nicht sofort Tausende Euro für eine Nähmaschine auszugeben. In diesem Fall könntest du jemanden fragen, ob du eine ausleihen könntest – vielleicht haben deine Mutter, Oma, Freundin oder Kollegin eine einfache Nähmaschine zu Hause stehen, die du für einige Wochen haben kannst.

Hast du die ersten Nähversuche bereits gemacht und hat dich das Nähfieber gepackt, dann kannst du dich auf die Suche nach einer Nähmaschine machen, die deinen Wünschen entspricht. In diesem Fall ist es sehr hilfreich, in ein Fachgeschäft oder auf eine Messe zu gehen und die Nähmaschine vor Ort zu testen. Es ist wichtig, dass sie dir gut „in der Hand liegt" und die Funktionen deinen Vorstellungen entsprechen. Im Handel findest du Nähmaschinen in unterschiedlichen Preisklassen und Ausführungen. Von einfachen, die nur Gerad- und Zickzackstich nähen bis hin zu modernen, computergesteuerten Nähmaschinen, die auf Knopfdruck sticken und Knopflöcher nähen. Für jeden Geschmack und jeden Geldbeutel gibt es die passende Nähmaschine.

Beim Kauf einer Nähmaschine liegt immer ein Anleitungsheft bei und dieses solltest du vor Inbetriebnahme durchlesen und schauen, was zu beachten ist. Die Nähmaschinen unterscheiden sich zwar optisch etwas, viele Teile sind aber gleich.

In den folgenden Bildern zeige ich dir einige Teile einer Nähmaschine, dies kann etwas von deiner abweichen, dazu findest du aber Hinweise im Anleitungsheft.

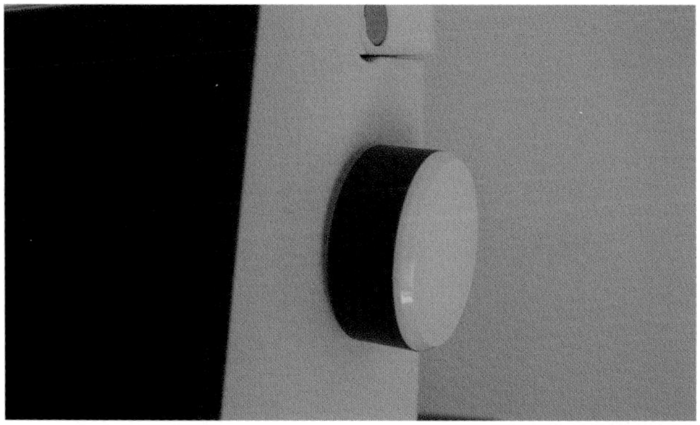

Mit dem Handrad kannst du manuell die Nähmaschinennadel in den unterhalb des Nähfüßchens liegenden Stoff herunterlassen. Somit gehst du sicher, dass die Nähnadel exakt auf deine Nahtlinie trifft. Du kannst mit dem Handrad auch einige Stiche manuell ausführen, wenn du schwierige Passagen oder dicke Stellen im Nähvorgang hast.

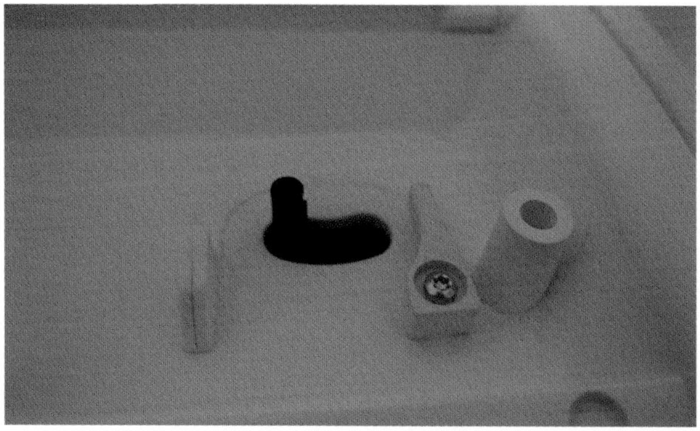

Hierbei ist es wichtig, darauf zu achten, dass man die Unterfadenspule richtig aufsetzt. Hierfür findest du in dem Begleitheft deiner Nähmaschine Informationen. Achte beim Aufspulen darauf, dass das Garn gut gespannt ist und die Spule gleichmäßig aufgespult wird.

Das ist der Halter für die Oberfadengarnrolle. Bei manchen Maschinen sind diese liegend, bei anderen stehend aufzufinden.

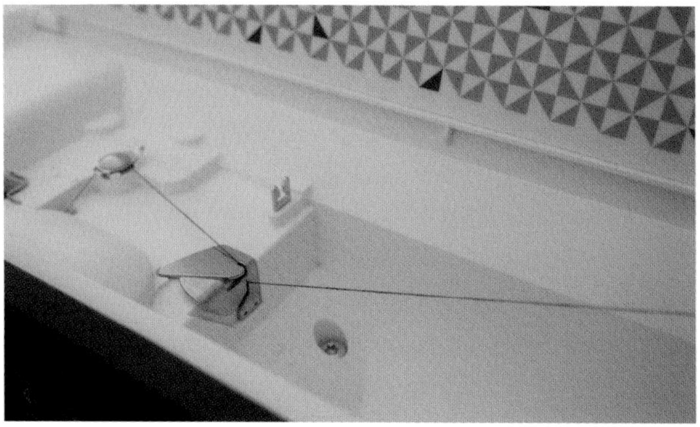

An jeder Nähmaschine findest du oben eine Fadenführung. Um die Nähmaschine richtig einzufädeln, muss das Garn durch die Fadenführung durchgeführt werden. Manchmal sind sogar Pfeile oder Ziffern aufzufinden, die einem das Einfädeln erleichtern. Auch hierzu findest du im Begleitheft

Hinweise. Das richtige Einfädeln ist das Wichtigste überhaupt. Ist die Nähmaschine nicht richtig eingefädelt, sieht das Stichbild nicht mehr schön aus, es bilden sich Schlaufen oder die Nähmaschine streikt komplett.

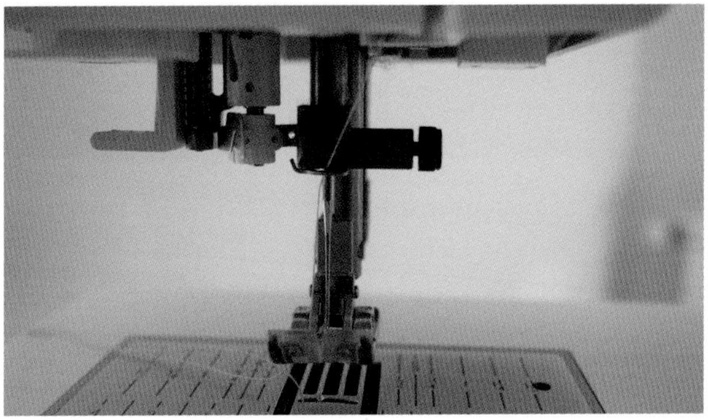

In diesem Bild siehst du die Nähmaschinennadel, den Nähfuß und den Nähfußhalter. Um die Nähmaschinennadel herauszunehmen und auszutauschen, muss man in den meisten Fällen eine kleine Schraube aufdrehen. Bei mir ist es die schwarze Schraube rechts oberhalb der Nadel. Der Nähfußhalter trägt das Nähfüßchen und lässt sich bei älteren Modellen manuell mit einem Hebel hoch und runter setzen – oder per Knopfdruck bei moderneren Nähmaschinen. Das Nähfüßchen lässt sich auch meist durch das Betätigen eines kleinen Hebels herausnehmen. Bei meinem Nähmaschinenmodell gibt es keinen Hebel. Hier löst sich der Nähfuß, indem man ihn leicht nach unten drückt. Schaue auch hier am besten in dem Anleitungsheft deiner Nähmaschine nach.

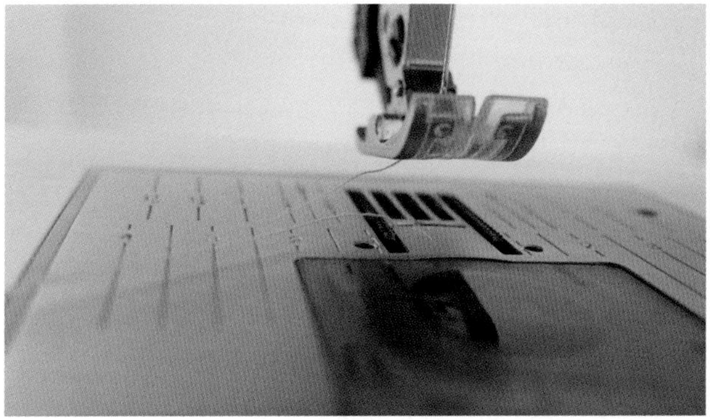

Hier siehst du die Stichplatte. Diese befindet sich unterhalb deines Nähfüßchens und ist aus Metall. In der Regel befinden sich auf der Stichplatte Markierungen, die dir das Nähen erleichtern. Bei manchen Nähmaschinen lässt sich die Stichplatte für spezielle Nähvorgänge wie z. B. das Quilten auswechseln.

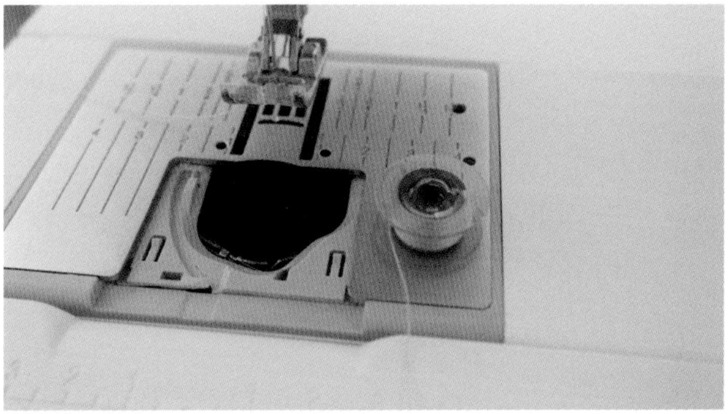

Dieses Bild zeigt die Spulenkapsel und die Spule. Meine Spulenkapsel ist in der Nähmaschine integriert. Die Unterfadenspule wird bei mir in die Spulenkapsel reingelegt und mit einem kleinen Deckel zugeschoben. Viele Nähmaschinen haben eine herausnehmbare Spulenkapsel. In diesem Fall wird die Spule in die Spulenkapsel reingelegt und dann wird die Spulenkapsel in der Nähmaschine platziert. Die

Vorrichtung befindet sich dann auch nicht auf der Stichplatte oben, sondern in der Regel an der vorderen Seite der Nähmaschine. Achte hier bitte ebenfalls darauf, dass die Spule richtig herum drin liegt.

Um die ersten Nähprojekte zu beginnen, brauchst du folgendes Zubehör:

- Stoffschere, Papierschere und eine Fadenschere
- Maßband und Handmaß
- Patchworklineal oder Geodreieck
- Garn – am besten gleich ein hochwertiges
- Schneiderkreide oder Trickmarker
- Stecknadeln und Klammern
- Handnähnadeln und Nähmaschinennadeln
- Nahttrenner
- Bügeleisen
- Schnitt- oder Zeichenpapier
- Sicherheitsnadel

Auf einige Zubehörteile möchte ich noch etwas näher eingehen:

Stoffschere

Die Stoffschere – GANZ WICHTIG – sollte nur zum Schneiden von Stoffen benutzt werden, da sie sonst schnell stumpf werden kann und die Stoffe sich nicht mehr so gut schneiden lassen. Auch bei der Stoffschere ist es empfehlenswert, diese in einem Fachhandel auszuprobieren, ob sie einem gut in der Hand liegt und sich handlich anfühlt.

Garn

Ich hätte mir von Anfang an einige Nerven gespart, wenn ich etwas mehr für mein Garn ausgegeben hätte. Hochwertiges Garn reißt nicht so schnell und lässt das Endprodukt viel schöner aussehen. Ich nähe gerne mit Gütermann, Amann und Ackermann. Auch wusste ich damals nicht, dass man die Garnstärke an die Nähmaschinennadel und an den Stoff anpassen sollte. Je dünner der Stoff, desto dünner müssen das Garn und die Nähmaschinennadel sein.

Nähmaschinennadeln

Auch hier ist es von Vorteil, hochwertige Nähmaschinennadeln zu benutzen. Billigen Nähmaschinennadeln mangelt es oft an Qualität und sie könnten schnell brechen. Ich persönlich nähe sehr gerne mit Schmetz-Nadeln. Die Firma Schmetz hat ihre Nähmaschinen-

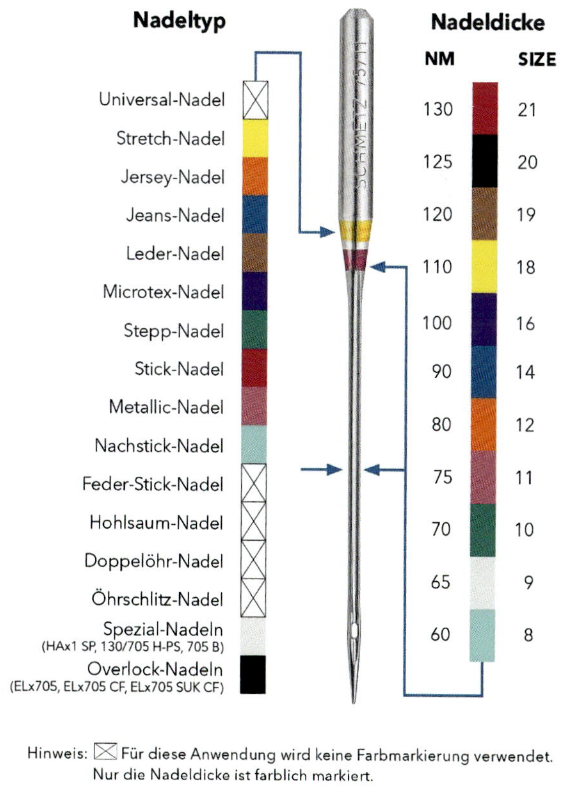

Schmetz Nadelübersicht Quelle: https://www.schmetz.com/de/tsnadeln/wissen/farbmarkierung

nadeln mit Farben markiert, um schnell erkennen zu können, welche Nadel mit welchem Stoff kompatibel ist. Man erkennt dann auch besser, welche Art von Nadel in der Nähmaschine steckt, wenn man vergessen hat, welches Projekt man zuletzt genäht hat.

BAUMWOLLGARN UND NADELSTÄRKE

NADELSTÄRKE	GARNSTÄRKE
60/8 - 70/10	65 - 70
70/10 - 80/12	55 - 60
80/12 - 90/14	45 - 50
90/14 - 100/16	35 - 40
100/16 - 110/18	25 - 30
110/18 - 120/20	15 - 20
120/20 - 130/22	10

POLYESTERGARN UND NADELSTÄRKE

NADELSTÄRKE	GARNSTÄRKE
60/8 - 70/10	180 - 150
70/10 - 80/12	150 - 120
80/12 - 90/14	120 - 100
90/14 - 100/16	100 - 70
100/16 - 110/18	70 - 50
110/18 - 120/20	50 - 30
120/20 - 130/22	30 - 10

Um ein sauberes Nähergebnis zu bekommen, kommt es also auf die richtige Kombination zwischen Stoff, Garn und Nadel an.

Hier habe ich eine Übersichtstabelle, nach der man die Nadel- und Garnstärke wählen kann.

1.2 Kleine Stoffkunde

Es gibt zwei Kategorien von Stoffen: Naturfaser- und Kunstfaserstoffe

- Zu den Naturfasern werden pflanzliche Fasern wie Baumwolle, Hanf sowie Lein und zu den tierischen Fasern werden z. B. Wolle und Seide gezählt.
- Zu den Kunstfasern werden synthetische Fasern wie Polyester, Elasthan oder Polyacryl gezählt und zu den Cellulosefasern werden zum Beispiel Viskose und Cupro gezählt.

Die Stoffe werden auf verschiedene Weisen hergestellt und hier unterscheidet man zwischen Web- und Maschenwaren.

Webwaren werden gewebt, wie man es aus der Bezeichnung bereits heraushört. Die Webware besteht aus Kett- und Schussfäden. Die Kettfäden werden in der Produktion einer höheren Belastung ausgesetzt, deshalb sind diese meist dicker als die Schussfäden. Die Kettfäden verlaufen in Längsrichtung des Gewebes parallel zur Gewebekante und die Schussfäden in Querrichtung parallel zum Geweberand. Webwaren sind in der Regel nicht dehnbar. Schneidet man allerdings die Webware im 45°-Winkel zur Webkante zu, wird diese Seite dehnbar. Auf diese Weise stellt man auch Schrägbänder her. Dadurch sind auch Schrägbänder aus Webwaren dehnbar.

Maschenwaren bestehen aus einem Faden. So wie man es beim Stricken kennt, wird dieser Faden in Schlaufen gelegt und in Maschen ineinander verarbeitet. Die Schlaufen erhalten somit ihren Halt und der Stoff erhält eine gestrickte Optik, wenn man ganz genau hinschaut. Durch diese Verarbeitung wird der Stoff dehnbar und eignet sich somit ausgezeichnet für die Herstellung von körpernaher Kleidung wie z. B. Leggings, Shirts, Babykleidung (wie Bodys), Pumphosen, Mützen etc. Unter die Bezeichnung Maschenwaren fallen Stoffe wie Jersey, Bündchen, Wirkwaren und andere.

Schauen wir uns mal einige Stoffe etwas näher an ...

Jersey

Ein Jerseystoff wird meist aus einem Mischgewebe hergestellt. Die Mischung kann aus Baumwolle, Viskose, reiner Seide oder auch aus Wolle bestehen. Der Stoff enthält einen kleinen Anteil von Elasthan. Je nachdem, wie hoch der Anteil von Elasthan und die Art der Strickung ist, ist der Stoff dann mehr oder weniger elastisch.

Zu den Jerseystoffen gehören unter anderem:

Single Jersey, Double Jersey, Interlock Jersey, Jacquard Jersey, Viskosejersey, Baumwolljersey, Romanit Jersey / Punto die Roma, Wolljersey, Funktionsjersey etc.

Jerseystoffe eignen sich vor allem für Shirts aller Art, Kleider, Leggings, Mützen, Loops, Socken, Strampler, Hosen, Kuscheltiere und andere Accessoires.

Auf das Thema Jersey gehe ich im Kapitel 4 noch etwas detaillierter ein.

Baumwolle

Baumwolle wird aus der Samenkapsel der Baumwollpflanze gewonnen und ist somit der mengenmäßig bedeutendste und billigste textile Rohstoff. Die Baumwolle ist ein Naturprodukt, welches alle lieben, denn sie ist hautfreundlich, kühlend, widerstandsfähig und lässt sich einfach verarbeiten. Baumwolle ist der ideale Sommerstoff, da er bis zu 20 Prozent des Eigengewichts an Feuchtigkeit aufnehmen kann, ohne sich feucht anzufühlen.

Zu den Baumwollstoffen gehören folgende Arten:

Batist, Denim, Cord, Musselin, Waffel, Flanell, Popeline, Samt, Satin, Gabardine, Jacquard, Jeans, Spitze, Strickstoffe, Voile und andere.

Baumwollstoffe eignen sich sowohl für die Herstellung von Kleidung wie z. B. Kleider, Hosen, Röcke, Jacken, Hemden als auch für Home-Accessoires wie Gardinen, Kissenhüllen, Taschen, Tischdecken und noch vieles mehr.

Kunstfaserstoffe

Bei den Kunstfasern unterscheidet man zwischen zwei Arten: den zellulosischen und den synthetischen Fasern.

Zellulosische Chemiefasern:

Hier ist der Grundstoff pflanzlich. Dieser wird aus Zellulose – also Holz – gewonnen. Dazu gehören z. B. Viskose, Modal und Acetat.

Synthetische Chemiefasern:

Hier sind die Grundstoffe Kohle, Erdöl und Erdgas. Diese werden in chemischen Prozessen zu Fasern umgewandelt. Es entstehen synthetische Textilien wie z. B. Polyester, Polyamid, Elasthan oder Polyacryl. Synthetische Chemiefasern haben eine geringe Feuchtigkeitsaufnahme, dafür eine hohe Reiß- und Scheuerfestigkeit. Aus diesen Gründen finden sie sich vor allem in Funktionskleidung wieder wie z. B. Sport- oder Arbeitskleidung.

Viskose
Die Viskose gehört zu den natürlichsten Kunstfasern, denn ihr Grundmaterial ist Zellulose, welches aus verschiedenen Holzarten bestehen kann wie z. B. Buche, Bambus oder Eukalyptus. Die Viskose hat tolle Eigenschaften wie die Feinheit der Fasern und eine gute Feuchtigkeitsaufnahme, was den Stoff sehr hygienisch macht. Viskosestoffe sind leicht glänzend, fließen und fallen sehr weich – dadurch eignen sie sich optimal für Sommerkleidung wie Blusen, Kleider und Röcke.

Modal
Wie die Viskose wird auch Modal aus der Cellulose hergestellt. Modalstoffe sind samtig weich und haben eine hohe Elastizität, Festigkeit und Saugfähigkeit. Da die Stoffe auch sehr hautfreundlich und atmungsaktiv sind, werden sie oft für hautnahe Wäsche verwendet wie Unterwäsche, Shirts, Bettwäsche etc.

Polyester
Der Polyesterstoff zeigt viele Eigenschaften. Unter anderem ist er reiß- und scheuerfest, weich, pflegeleicht, gut waschbar, knitterarm, wetterbeständig und nimmt kaum Feuchtigkeit auf. Polyester wird gern für Heimtextilien verwendet. Outdoor-Accessoires sind auch sehr beliebt, da der Stoff witterungsbeständig ist. Bei Bekleidung wird es oft im Sportbereich eingesetzt, aber auch für Kleider, Blusen, Tops, Hosen etc.

Die gängigsten Stoffarten hast du nun kennengelernt und bist somit etwas auf deinen ersten Stoffeinkauf vorbereitet.

1.3 Fachbegriffe

In diesem Kapitel möchte ich dir die Fachbegriffe im Nähhandwerk näherbringen. Als kompletter Nähanfänger steht man manchmal mit einem großen Fragezeichen auf der Stirn da und fragt sich, was dies oder jenes zu bedeuten hat. Damit du Nähanleitungen verstehen und befolgen kannst, liste ich dir hier die gängigsten Fachbegriffe auf.

Abnäher
Abnäher geben einem Kleidungsstück eine bessere Form. Es gibt verschiedene Arten von Abnähern. Brust-, Taillen-, Schulter- und Bundabnäher sind die häufigsten, die man antrifft. Ein Abnäher ist eine keilförmige Falte in einem Kleidungsstück, die den Stoff an die Körperform anpasst. Je größer also die Körperrundung, desto größer ist der Abnäher. Beim Zuschnitt ist es wichtig, den Abnäher richtig auf den Stoff zu übertragen und den Abnäher nicht herauszuschneiden.

Auf diesen Bildern siehst du zwei Beispiele von Abnähern.

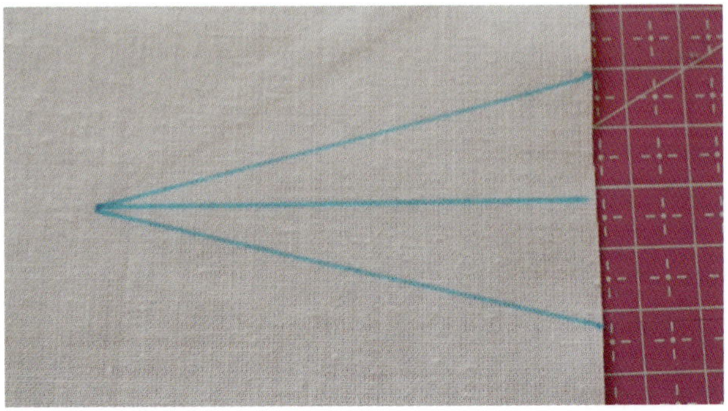

So sieht meist ein Brustabnäher aus. In der Mitte ist eine Mittellinie zu sehen. Rechts und links davon sind Schenkel, die zur Spitze hinlaufen.

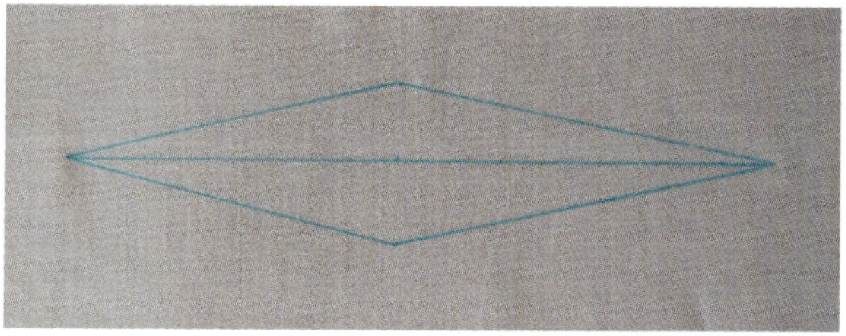

Und so könnte z. B. ein Taillen- oder Rückenabnäher aussehen. Man sieht ebenfalls eine Mittellinie. Rechts und links davon sind die Schenkel, die in diesem Fall mittig 2 cm von der Mittellinie entfernt liegen und ebenfalls zur Spitze hinlaufen.

Der Abnäher wird im Nähvorgang zur Hälfte gelegt, sodass der Stoff rechts auf rechts liegt und die beiden Außenlinien exakt aufeinandertreffen.

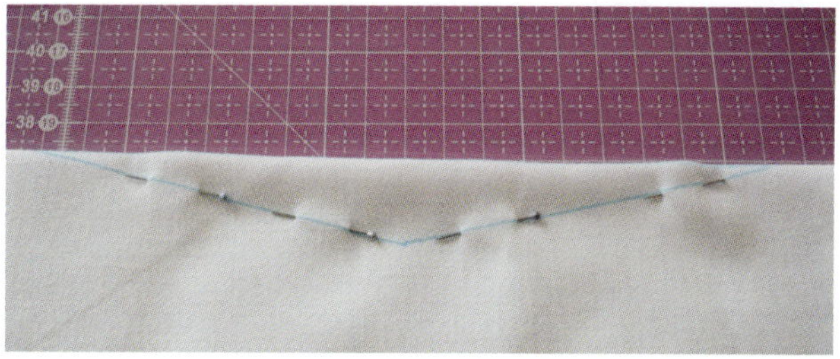

Um einen schönen Abnäher zu bekommen, sollte dieser exakt zusammengesteckt werden. Beim Einstechen der Stecknadel ist es wichtig, darauf zu achten, dass die Nadel auf beiden Seiten die eingezeichnete Abnäherlinie trifft. Der Abnäher kann auch von Hand geheftet werden, wenn man mit Abnähern noch nicht gearbeitet hat.

Steppe den Abnäher immer zur Spitze hin und verriegle am Anfang die Naht mit Vor- und Rückstichen. Bist du an der Spitze des Abnähers angekommen, ist es von Vorteil, den Abnäher nicht zu verriegeln, sondern die Fäden von Hand zu verknoten. So entsteht keine dicke Stelle an der Spitze des Abnähers.

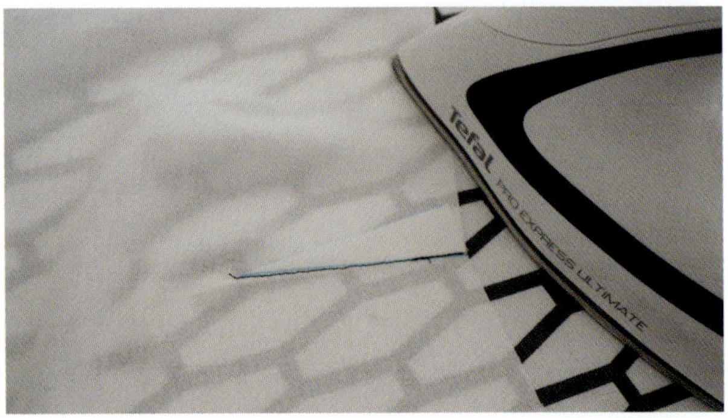

Abnäher werden zuerst flach (so wie sie gesteppt worden sind) und dann zur Körpermitte hin gebügelt.

Solltest du einen Brustabnäher genäht haben, könnte es hilfreich sein, mit einem Bügelei die Spitze auszubügeln. In diesem Vorgang wird auch gleichzeitig eine Brustwölbung eingebügelt.

Solltest du noch kein Bügelei / Bügelkissen haben, kannst du es dir ganz einfach selbst nähen. In diesem YouTube-Video habe ich erklärt, wie man es machen kann:

Absteppen/Steppen

Steppen heißt, das Nähstück an der Nähmaschine zusammenzufügen. Hierfür verwendet man oft einen Zickzackstich, Geradstich oder auch einen anderen Stich. Es wird entlang der Kante bzw. der eingezeichneten Nahtlinie abgesteppt. Man nimmt in der Regel zum Absteppen eine Stichlänge von 2,5 bis 4 mm – je nach Nähmaschine und Geschmack.

Dehnen

Manche Nähanleitungen enthalten den Begriff „Dehnen". Es könnte auf einer Seite eines Schnittteils stehen. Wenn man beispielsweise zwei Zuschnitte hat, die zusammengehören, der eine aber im Zuschnitt kürzer als der andere ist, könnte hier dieser Begriff stehen. Das bedeutet, dass man die kürzere Seite auf die Größe des größeren Zuschnitts dehnen soll. Hierbei ist es hilfreich, diesen Zuschnitt auf das Bügelbrett zu legen, auf die Größe des zweiten Teils zu dehnen und zu bügeln. Somit erleichtert man sich das Absteppen und das Nähstück sieht sauberer aus. Im Allgemeinen gehört das Bügeln immer zum Nähen dazu – nicht umsonst gibt es diesen Spruch, den wahrscheinlich jeder kennt:

„Gut gebügelt ist halb genäht!" – aber zum Thema Bügeln kommen wir noch in einem anderen Kapitel.

Einfassen

Eine Kante wird nicht mit einem Zickzackstich oder einem Overlockstich versäubert, sondern eingefasst. Das heißt, diese Kante wird mit einem Schrägband oder einer Tresse versäubert. Im Handel gibt es bereits vorgefalzte Schrägbänder aus Baumwolle oder auch aus Jersey in verschiedenen Breiten zu kaufen. Man kann sich aber ein Schrägband leicht selbst herstellen – dabei wird der Stoff in einem 45°-Winkel und in der vierfachen Breite, die man später als Endprodukt haben möchte, zugeschnitten. Möchtest du also im fertigen Zustand ein 1 cm breites Schrägband haben, schneidest du den Streifen in einer Breite von

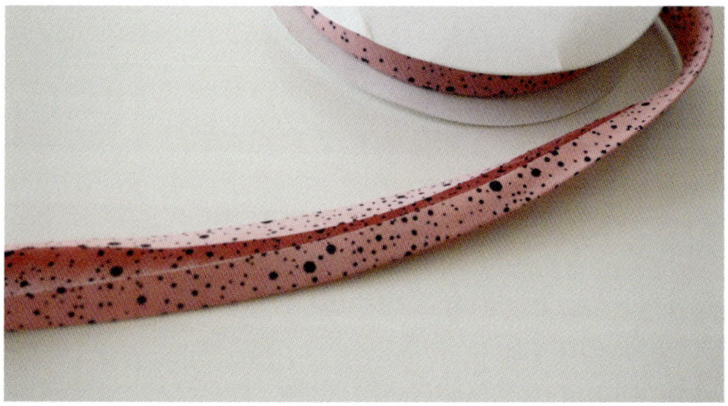

4 cm zu. Auf meinem YouTube-Kanal habe ich eine Schritt-für-Schritt-Anleitung für die Herstellung eines Schrägbandes bereitgestellt. Schau dir gerne bei Bedarf die Nähanleitung an.

Einhalten

Diesen Begriff findest du oft beim Nähen von Kleidungsstücken. Solltest du diesen Begriff antreffen, dann heißt es, dass die Kante, die einzuhalten ist, länger ist als die Kante, die angesteppt werden muss.

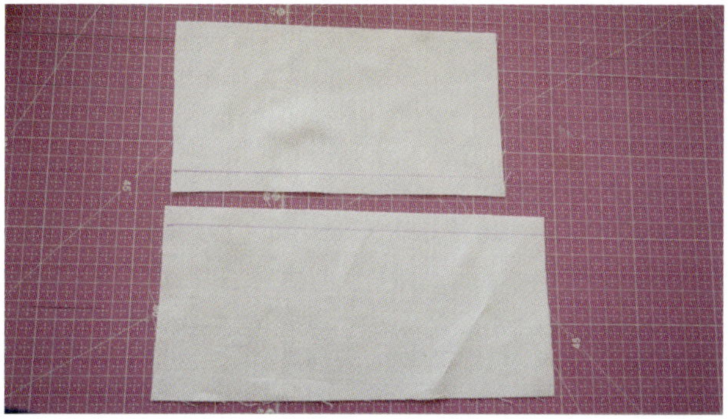

Wie funktioniert das Einhalten?

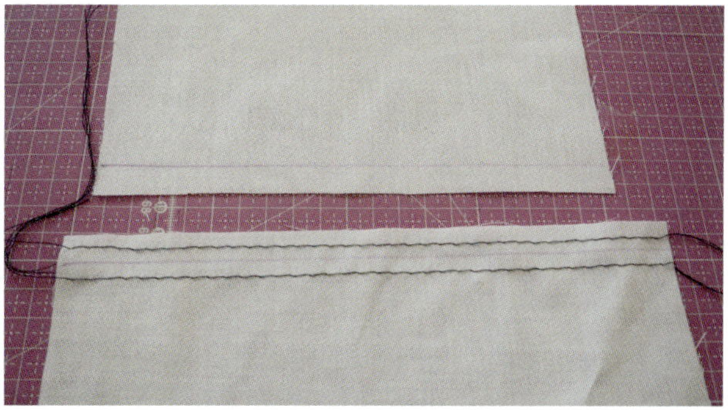

Du nimmst das Teil, welches einzuhalten ist, und steppst rechts und links neben der Nahtlinie zwei parallel verlaufende Nähte mit einem Geradstich und einer Stichlänge von 6 mm, dabei verriegelst du die Enden keinesfalls, sondern lässt den Faden am Nahtanfang und am Nahtende lang.

Nun nimmst du den Unterfaden der Naht und ziehst vorsichtig daran, bis die beiden Nahtkanten, die aneinander gesteppt werden sollen, die gleiche Größe haben.

Sollten bei diesem Vorgang Fältchen entstehen, verteilst du diese gleichmäßig mit den Fingern, bis sie ganz verschwunden sind oder ebenmäßig ausschauen. Zum Schluss verknotest du die beiden Fadenenden und fixierst sie somit.

Nach dem Absteppen der beiden Stoffteile kann der Einhaltefaden entfernt werden.

Einreihen / Einkräuseln

Beim Einreihen / Einkräuseln ist das einzureihende Stück wesentlich länger als das zweite Teil.

Im Prinzip funktioniert das Einreihen / Einkräuseln genauso wie das Einhalten. Du steppst rechts und links neben der Nahtlinie eine Naht mit einem Geradstich in der Stichlänge 6 mm und verriegelst Nahtanfang und Nahtende nicht.

Zum Schluss ziehst du am Unterfaden, um die Kräuselung zu erhalten.

Das einzureihende Teil sollte bis zu der Größe des zweiten Teils eingekräuselt werden.

Beim Zusammensteppen der beiden Stoffteile steppst du auf der Nahtlinie entlang. Die Nahtlinie verläuft zwischen den beiden gelegten Nähten, die zum Einkräuseln gedient haben. Zum Schluss entfernst du diese Einkräusel-Nähte, indem du sie vorsichtig rausziehst.

Beim Einkräuseln entstehen Falten, die z. B. beim Nähen von Röcken, Kleidern und anderen Kleidungsstücken sowie Accessoires gewünscht sind.

Fadenlauf

Den Begriff Fadenlauf wirst du beim Nähen sehr oft wahrnehmen. Der Fadenlauf entspricht bei einem gewebten Stoff immer den Kettfäden, also den

Längsfäden eines Stoffes. Der Fadenlauf läuft somit immer parallel zur Webkante. Sollte die Webkante an deinem Stoff noch vorhanden sein, kannst du den Fadenlauf sofort erkennen. Achte stets darauf, dass du deine Schnittteile immer so auf dem Stoff platzierst, dass der im Schnitt eingezeichnete Fadenlauf parallel zur Webkante liegt. Der Fadenlauf sollte nach Möglichkeit bei allen Stoffarten beachtet werden. Bei zusammengehörenden Teilen ist es besonders wichtig, auf den Fadenlauf zu achten. Dies umfasst zum Beispiel die Vorder- und Rückteile von T-Shirts, Kleidern, Hosen etc. Aber es schließt auch Home-Accessoires wie Kissenhüllen, Bettwäsche etc. ein. Wenn du nicht auf den Fadenlauf achtest, kann es passieren, dass sich das fertige Nähstück nach der ersten Wäsche verzieht, keine Form behält und nicht mehr schön fällt. Das liegt daran, dass Stoffe beim Waschvorgang in der Breite und Länge anders eingehen. So kann es z. B. sein, dass der Stoff in der Breite um 10 % eingeht und in der Länge nur 2 %. Hast du nicht auf den Fadenlauf geachtet, so verzieht sich das genähte Stück nach der ersten Wäsche.

Heften

Heften ist das provisorische Nähen von Hand. Das wendest du an, um z. B. Kleidungsstücke anzuprobieren, bevor sie final abgesteppt werden oder bei schwierigen Stellen wie z. B. Taschen oder Gürtelschlaufen. Viele ersetzen das Zusammenstecken mit den Stecknadeln oder Klipsen mit dem Heften. Auf was du beim Heften achten solltest, ist das Garn. Im Handel gibt es Heftgarn zu kaufen, dieses kann man für „normale bis feste Stoffe" verwenden. Hast du einen feinen, dünneren Stoff für dein Nähprojekt ausgewählt, solltest du entweder Nähgarn, Maschinenstick- oder Stopfgarn verwenden. Dies hat den Hintergrund, dass das Heftgarn etwas dicker ist und wenn man es später entfernt, könnte es passieren, dass in feinen / dünnen Stoffen Spuren bleiben.

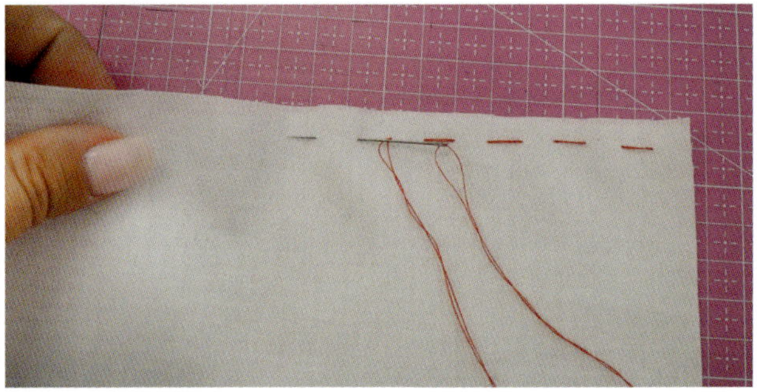

Nahtzugabe

Die Nahtzugabe ist dazu da, um das Nähstück ordentlich auf die Nahtlinie nähen zu können. Nahtzugabe wird in Nähanleitungen oft mit NZ abgekürzt. Wenn du beispielsweise eine Kissenhülle mit 20 × 20 cm nähen möchtest, braucht diese rundherum noch eine Zugabe von 1–1,5 cm.

Schneidest du ein Stoffstück von 20 × 20 cm zu, ohne eine Nahtzugabe hinzuzufügen und steppst die Kissenhülle rundherum mit 1 cm ab, so hast du später eine Kissenhülle von 18 × 18 cm, da du an jeder Seite 1 cm weniger hast.

Schnittmuster, die für den deutschen Markt hergestellt werden, haben in der Regel keine Nahtzugabe im Schnitt eingerechnet. Solltest du ein Kleidungsstück zuschneiden, musst du an allen Seiten 1,5 bis 2 cm hinzufügen. Diese Zugaben sind sehr wichtig, sonst kann es passieren, dass das Kleidungsstück später zu eng ist und der Schnitt nicht mehr passt. Achte also unbedingt bei fertigen Schnittmustern darauf, ob Nahtzugaben enthalten sind und wie diese ausfallen. Steht bei einem Schnitt beispielsweise: Eine NZ von 1,5 cm ist im Schnitt enthalten, so kannst du den Schnitt exakt am Schnittmuster entlang zuschneiden und das Nähstück mit 1,5 cm von der Kante entfernt zusammennähen. Steht im Schnitt nichts dabei, füge an allen Seiten (die zusammengenäht werden) 1,5–2 cm hinzu. Bei Kleidungsstücken aus Jersey, die mit der Overlock genäht werden, kannst du auch eine Nahtzugabe von 0,75 bis 1 cm wählen.

In diesem Bild siehst du, dass die Nahtzugabe 1,5 cm um das Schnittmuster herum eingezeichnet worden ist.

Und so sieht der Zuschnitt aus. **Tipp:** Übertrage die Schnittmusterkontur sowie die Nahtzugabe mit einem Trickmarker oder einer Schneiderkreide ebenfalls auf deinen Stoff, somit kannst du exakt auf der Nahtlinie nähen.

Nähen

In der Schneiderei spricht man von Nähen, wenn etwas von Hand zusammengenäht wird. Wird etwas an der Nähmaschine zusammengefügt, so spricht man von Steppen / Absteppen.

Stoffbruch

Faltest du einen Stoff und legst ihn aufeinander, entsteht ein Stoffbruch an der Kante, die umgeklappt ist.

Hast du ein Schnittmuster beispielsweise von einem Shirt, wo Stoffbruch oder Bruch gekennzeichnet sind, musst du diese Seite an die Kante des Stoffbruchs hinlegen.

Schneidest du nun den Schnitt zu, erhältst du ein einziges und doppelt so großes Schnittteil.

Versäubern

Hast du ein Nähstück genäht, werden die Nahtzugaben (Nahtkanten) in der Regel versäubert – du sicherst die Kanten so vor dem Ausfransen. Ist die Kante nämlich versäubert, sieht das Innenleben ordentlicher aus und die Naht ist langlebiger, da sie während eines Waschvorgangs nicht komplett ausfranst. Eine Nahtzugabe kannst du auf verschiedene Weisen versäubern. Die einfachste Art zu versäubern ist: Du steppst an der gesamten Nahtzugabe entlang einen Zickzackstich in etwa einer Stichlänge von 4 bis 4,5 mm und Stichbreite von circa 2,5–3 mm.

Wenn du dich für das Versäubern mit einem Zickzackstich entscheidest, sollte die Nadel entweder direkt auf die Kante bei der Spitze des Zickzackstichs treffen oder du steppst den Zickzackstich mehr nach innen versetzt und schneidest später die Nahtzugabe knapp vor der Spitze des Zickzackstichs ab.

Solltest du bereits eine Overlock besitzen, kannst du deine Nahtzugabe auch mit der Overlock versäubern.

Es besteht aber auch die Möglichkeit, die Nahtzugabe einzufassen. Den Begriff Einfassen habe ich dir bereits erklärt, lies unter diesem Begriff gerne nochmals nach.

Solltest du einen wenig oder sogar einen gar nicht fransenden Stoff haben, kannst du ihn auch mit einer Zickzackschere versäubern.

Es gibt auch Stoffarten, die gar nicht versäubert werden müssen, z. B. Filz oder dicke, flauschige Wollstoffe.

Webkante / Webrand

Webkanten sind die Längskanten eines Stoffes. Diese sind meist etwas steifer und haben eine etwas andere Struktur. Die Webkante entsteht im Herstellungsprozess durch den Richtungswechsel der Schussfäden / Querfäden. Achte bitte unbedingt darauf, dass du beim Zuschnitt nicht auf die Webkante kommst, diese sollte auch für Nahtzugaben nicht benutzt werden.

Nun kennst du die gängigsten Fachbegriffe in der Nähwelt. Bevor wir uns dem ersten Nähprojekt widmen, möchte ich dir noch die gängigsten Sticharten aufzählen und kurz erklären.

1.4 Sticharten

Die wichtigsten Stiche an deiner Nähmaschine sind:

- Geradstich / Steppstich
- Zickzackstich
- Overlockstich
- Blindstich
- Matratzenstich

Geradstich / Steppstich:

Dies ist die einfachste und gängigste Naht, die man an der Nähmaschine verwendet. Hierbei legst du die zwei Stoffteile rechts auf rechts zusammen, die auf der linken Seite eingezeichneten Nahtlinien liegen exakt aufeinander. Nun ist es von Vorteil, das Nähstück mit Stecknadeln quer zur Nahtlinie oder mit Klipsen zu fixieren.

Solltest du auf Nummer sicher gehen wollen, dass dein Nähstück optimal und sauber genäht wird, kannst du es, statt mit Stecknadeln oder Klipsen zu fixieren, auch mit einer Nähnadel und Faden von Hand heften. Dies ist bei kleineren und einfachen Projekten nicht unbedingt notwendig, bei aufwendigeren Kleidungsstücken ist das Heften von großem Vorteil, da man es anprobieren und Änderungen vornehmen kann. Hast du dein Nähstück nun vorbereitet, senkst du die Nadel direkt auf deine markierte Nahtlinie ab und steppst – z. B. füßchenbreit oder mit einer anderen, laut Anleitung geforderten Nahtzugabe – immer bis dicht vor die Stecknadel bzw. Klipse und entfernst diese.

Dann steppst du weiter. Somit gehst du sicher, dass sich die Nahtlinie nicht verschiebt und deine Nähmaschine nicht über die Stecknadel näht.

So schaut ein einfacher Geradstich aus.

Zickzackstich

Ein Zickzackstich kann zum Versäubern von Stoffen genommen werden. Hierbei kannst du die Breite und Länge des Stichs variabel wählen – von schmal bis breit ist alles möglich. Am besten ist es, du testest es an einem kleinen Stück Stoff aus und schaust, was dir zusagt.

Ebenfalls kann der Zickzackstich zum Steppen von elastischen Stoffen verwendet werden. Hierbei sind die Stichbreite 1,5 bis 4 mm sowie die Stichlänge von 3 mm empfehlenswert.

Auch für das Applizieren nimmt man den Zickzackstich. Hier kommt es darauf an, welche Optik gewünscht ist. Soll der Zickzackstich im Vordergrund stehen und eventuell auch mit einem auffallenden Garn gesteppt werden, dann nimmst du eine größere Stichbreite. Soll der Zickzackstich nicht im Vordergrund stehen, sondern die Applikation selbst, dann wähle eher eine kleine Stichbreite aus.

Overlockstich

Ein Overlockstich steppt und versäubert in einem Arbeitsgang. Solltest du am Anfang noch keine Overlockmaschine haben, kannst du an deiner Haushaltsnähmaschine ebenfalls Strick- und Jerseystoffe mit einem Fake-Overlockstich nähen und versäubern. Die meisten Haushaltsnähmaschinen sind bereits mit solchen Sticharten ausgestattet.

Blindstich

Auch der Blindstich ist heutzutage bei fast jeder Haushaltsnähmaschine enthalten. Mit einem Blindstich und einem speziellen Blindstichfuß kannst du Säume unsichtbar annähen. Nach 3–4 Geradstichen kommt ein Zickzackstich. Der Geradstich wird auf der Saumzugabe gesteppt und der Zickzackstich sticht zur Seite in die gefaltete Kante und erfasst dabei nur einen Gewebefaden. Dickere Stoffe können sehr gut mit dem Blindstich gesteppt werden. Bei dünneren Stoffen kann es passieren, dass die Nadel nicht nur den Gewebefaden erwischt, sondern durchsticht und dann doch auf der rechten Seite sichtbar ist. Hierfür ist es empfehlenswert, einen Test an dem gewünschten Stoff durchzuführen. Sollte der Stoff zu dünn sein und der Blindstich somit sichtbar sein, kannst du den Blindstich auch von Hand ausführen.

Schaue dir gerne die Video-Nähanleitung an, wenn du den Blindstich von Hand ausführen möchtest.

Dieses Video ist exklusiv für Buchinhaber/innen erstellt worden.

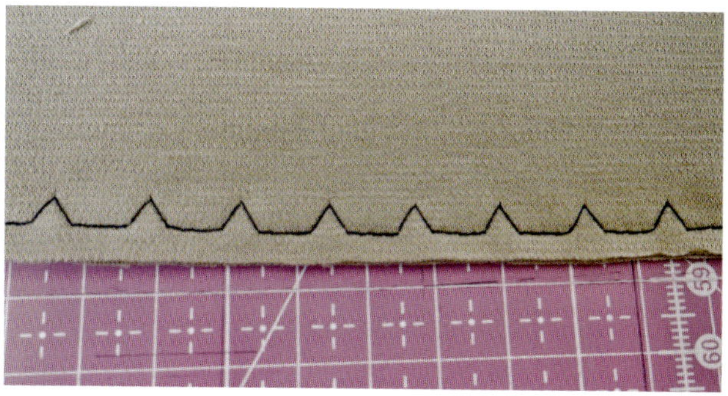

Matratzenstich / Zaubernaht

Der Matratzenstich wird auch Zaubernaht oder Leiterstich genannt. Es handelt sich hierbei um eine unsichtbare Naht, die man gern verwendet, um Füll- oder Wendeöffnungen zu schließen. Der Matratzenstich wird von Hand genäht, eine Nähmaschine wird hierfür nicht benötigt. Bei diesem Stich werden zwei Stoffteile von der rechten Seite miteinander verbunden – und zwar so, dass es am Ende so ausschaut, als wäre die Naht von innen genäht worden – daher auch der Name: Zaubernaht.

Schau dir gerne die kurze Videoanleitung dazu an – diese wurde exklusiv für Buchinhaber/innen erstellt:

Jetzt möchte ich auf einige speziellere Nähte eingehen, die zugleich Nähte und Nahtversäuberung sind.

Französische Naht (Rechts-links-Naht)

Die Französische Naht ist sehr strapazierfähig und stabil. Sie wird oft bei der Herstellung von Home-Accessoires wie z. B. Bettwäsche verwendet oder bei Kleidungsstücken, wo eine andere Versäuberung der Nahtzugaben nicht möglich oder nicht gewünscht ist. Die französische Naht wird in zwei Arbeitsgängen genäht.

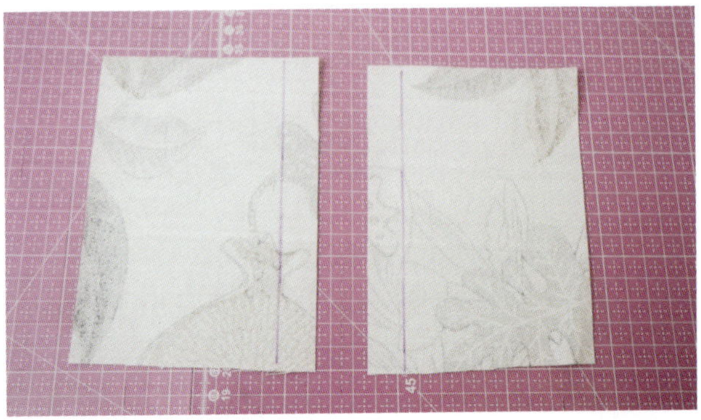

Rechne bei der französischen Naht 1,5 cm Nahtzugaben ein und zeichne auf der linken Seite des Stoffes deine Nahtlinie ein.

Lege als Erstes deinen Zuschnitt links auf links und stecke es fest.

Steppe nun auf der rechten Stoffseite füßchenbreit einen Geradstich. Nahtanfang und Nahtende werden mit Vor- und Rückstichen gesichert.

Schneide jetzt die Nahtzugabe bis ca. 3 mm vor die gelegte Naht zurück.

Als Nächstes bügele die Nahtzugabe auseinander, lege deinen Zuschnitt rechts auf rechts zusammen und bügele die gesteppte Seite nochmals aus. Somit entsteht eine ordentliche und saubere Kante.

Im letzten Schritt liegt dein Stoff rechts auf rechts zusammen. Steppe jetzt auf der linken Seite auf deiner eingezeichneten Nahtlinie einen Geradstich.

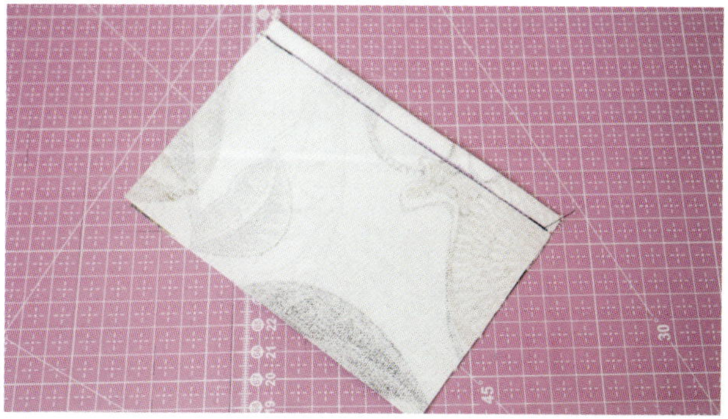

Die Nahtzugabe liegt nun innen zwischen Bruchkante und der zweiten gesteppten Naht und ist komplett unsichtbar.

Die Video-Nähanleitung zur französischen Naht findest du hier:

Kappnaht

Wie auch die französische Naht wird die Kappnaht in zwei Arbeitsschritten genäht. Die Kappnaht wird auch oft Jeansnaht genannt. Man nutzt die Kappnaht vor allem bei Kleidungsstücken, die stark beansprucht werden (z. B. Hosenbeine einer Jeans oder auch Hemden, Jacken und Blusen). Eine Kappnaht sieht sportlich aus und kann auch als Hingucker angewendet werden.

Gib bei einer Kappnaht eine Nahtzugabe von 1,5 bis 2 cm hinzu, um sie ordentlich ausführen zu können.

Zeichne auf der linken Seite deine Nahtlinie ein, lege deinen Zuschnitt rechts auf rechts und steppe es mit einem Geradstich in der Länge von 3–4 mm ab – verriegle Nahtanfang und Nahtende.

Bügele nun die Nahtzugaben flach auseinander und dann zu einer Seite. Achte unbedingt darauf, dass du die Nahtzugaben bei Hosenbeinen oder Ärmeln in die gleiche Richtung bügelst.

Nun wird die unten liegende Nahtzugabe auf circa 3–4 mm zurückgeschnitten.

Als Nächstes wird die oben liegende Naht eingeschlagen, sodass die Schnittkante unten liegt.

Damit die Naht am Ende schön aussieht, ist hier das Bügeln unumgänglich.

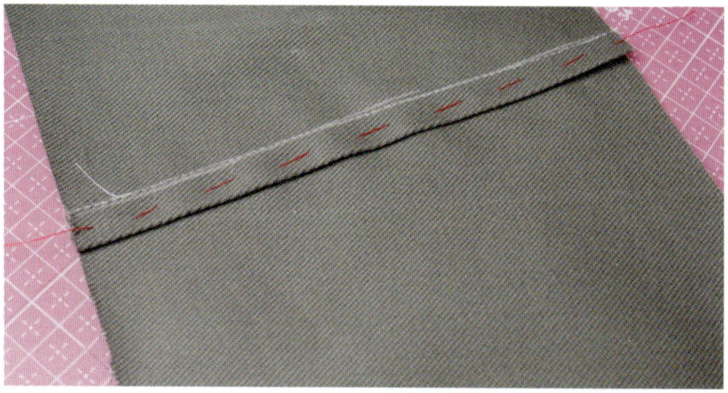

Stecke oder hefte die gebügelte Naht und steppe sie von der rechten Seite ab.

Teste am besten vorher, mit welcher Nahtzugabe du steppen musst, um die Nahtzugabe von innen auch wirklich zu erfassen.

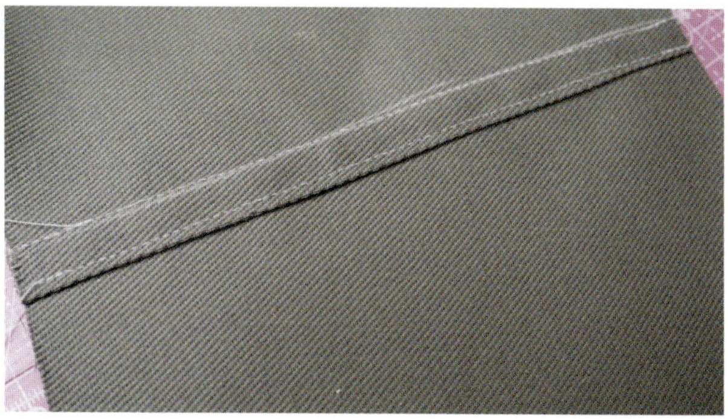

In diesem Bild siehst du die Kappnaht von der linken Seite.

Und hier ist die Kappnaht von der rechten Seite zu sehen.

So, das war ganz schön viel Theorie und Wissen bisher – nun gehen wir an die Praxis ...

Widmen wir uns dem ersten Nähprojekt!

1.5 Dein erstes Nähprojekt – Kissenbezug

Kissenbezug mit Hotelverschluss

Exklusiv für die Besitzer dieses Buches habe ich die Nähanleitung Schritt für Schritt abgefilmt und jeden Nähvorgang gezeigt.

Hier geht es zur Video-Nähanleitung:

Für dieses Nähprojekt eignen sich Webwaren am besten. Ich nehme für Kissenhüllen am liebsten Baumwollpopeline, Musselin und Canvas. Solltest du etwas ganz Besonderes nähen wollen, kannst du auch Jeans, Samt, Cord und Lederstoffe nutzen. Dehnbare Stoffe sind eher weniger von Vorteil.

Bei diesem Kissenbezug gibt es keine Knöpfe und keinen Reißverschluss, somit eignet sich dieses Projekt optimal für Nähanfänger. Den Kissenbezug kannst du für jede Kissengröße nähen. Ich habe ein Kissen in der Größe 50 × 50 cm genommen, du kannst hier eine beliebige Größe auswählen, die du gerne hättest. Für einen Kissenbezug in der Größe von 50 × 50 cm berechne ich zunächst den Stoffverbrauch.

Für die Berechnung des Stoffverbrauchs wird zunächst die Breite und die Länge des Kissens benötigt.

Bei der Breite von 50 cm rechnest du rechts und links jeweils 1,5 cm Nahtzugaben hinzu und erhältst somit eine benötigte Länge des Stoffes von 53 cm. Um die benötigte Breite zu erhalten, rechnest du die Breite des Kissens mal zwei und gibst 15 cm für den Hotelverschluss hinzu. Außerdem wird noch eine Saumzugabe von 2 cm an zwei Seiten dazugegeben. Das heißt (50 × 2) cm + 15 cm + 4 cm = 119 cm.

Der benötigte Stoffzuschnitt ist somit 53 × 119 cm groß.

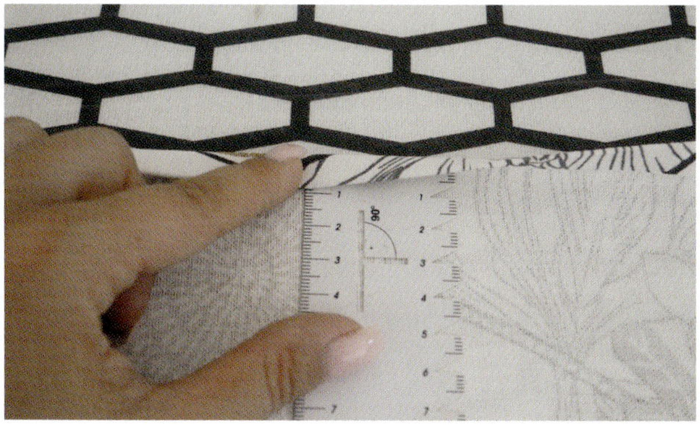

Im nächsten Schritt werden die kurzen beiden Seiten jeweils 2 × um 1 cm umgeschlagen.

Nun bügelst du die umgeschlagene Seite um.

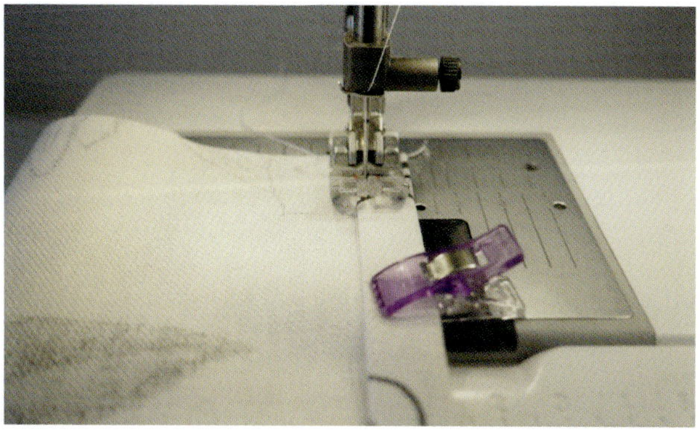

Im nächsten Schritt steppst du sie mit einem Geradstich ab. Verriegle Nahtanfang und Nahtende mit Vor- und Rückstichen.

Jetzt legst du den Zuschnitt so hin, dass die rechte Stoffseite nach oben schaut. Nimm nun die linke kurze Seite und schlage sie nach rechts rüber, sodass 15 cm übrig bleiben.

Die 15 cm legst du nun von rechts nach links über beide Stofflagen rüber.

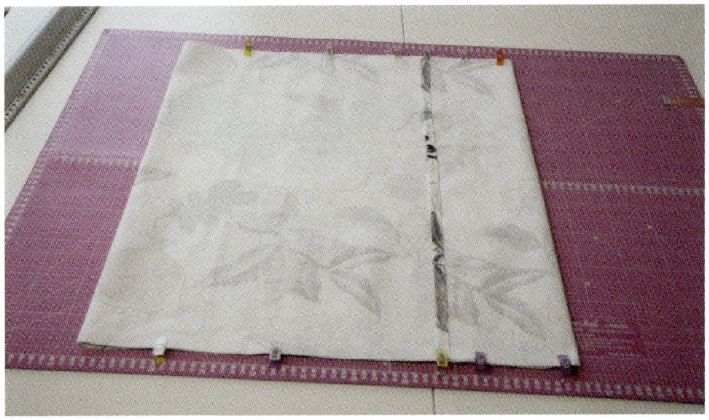

Die offenen Seiten steckst du mit Klipsen fest (du kannst hier aber auch Stecknadeln verwenden).

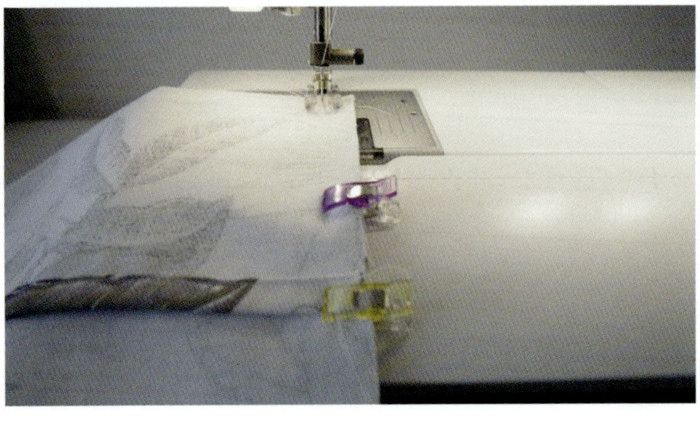

Die gesteckten Seiten steppst du mit einem Geradstich und einer Stichlänge von 3–4 mm ab.

Zum Schluss versäuberst du die Nahtzugaben mit einem Zickzackstich und schneidest gegebenenfalls die Kante sauber bis zum Zickzackstich zurück. Solltest du bereits eine Overlockmaschine besitzen, kannst du die Nahtzugabe auch mit der Overlock versäubern.

Die Overlockraupen (Nähte, die nach dem Nähvorgang noch dranhängen) müssen noch gesichert werden. Dazu verwendet man üblich eine Fangnadel oder eine Stopfnadel.

Mithilfe einer Fang- bzw. Stopfnadel wird das Ende in die Overlocknaht reingezogen und somit vor dem Ausfransen / Aufgehen gesichert.

Im letzten Schritt wird der Kissenbezug über den Hotelverschluss auf die rechte Seite gewendet. Jetzt nur noch das Kissen in den Kissenbezug schieben und fertig ist das erste Nähprojekt! **Gratulation!**

Kapitel 2

Im zweiten Kapitel gebe ich dir praktische Tipps an die Hand, die das Nähen erleichtern und das Nähergebnis sauberer und schöner aussehen lassen. Außerdem geht es in diesem Kapitel an die Praxis und wir gehen mehrere Nähprojekte Schritt für Schritt durch. Also los geht's ...

2.1 Nähtipps

Tipp 1

Stoffe vorwaschen:

Alle gekauften Stoffe sollten vor dem Zuschnitt vorgewaschen werden. Es gibt aber auch Stoffarten, bei denen ausgewiesen ist, dass man sie nicht waschen darf, dann sollte das auch beachtet werden. Wasche deinen Stoff am besten gleich mit der Temperatur, mit der du später dein Kleidungsstück oder dein Accessoire waschen möchtest und bügele den Stoff anschließend mit Dampf durch.

Warum wäscht und bügelt man Stoffe vor?

1. Man stellt sicher, dass alle Farb- und Industrierückstände entfernt werden.
2. Da Stoffe nach dem ersten Waschen und Trocknen meist in der Breite und Länge etwas eingehen (manche Stoffe bis zu 10 %), stellt man sicher, dass das Kleidungsstück am Ende passt.
3. Das Nähstück hat am Ende eine gute Form und lässt sich auch leichter bügeln, wenn der Stoff gebügelt wurde und alle Nähvorgänge zwischendrin ebenfalls gebügelt wurden.

Die ersten Stiche an der Nähmaschine ...

Damit die ersten Stiche direkt gelingen, ist natürlich das korrekte und saubere Einfädeln der Nähmaschine das Wichtigste!

Ist die Nähmaschine startklar, nimm dir etwas Zeit, um die Nähmaschine zu testen. Nähe Gerad- und Zickzackstiche. Nähe vor und zurück. Probiere verschiedene Stoffe aus. Wie verhält sich deine Nähmaschine? Nähe auch mal Kurven und einmal um die Ecke, damit du mehr Gefühl für deine Nähmaschine bekommst.

Tipp 2

Schlaufen am Anfang vermeiden:

Damit deine Naht direkt am Anfang gelingt und sich unten keine Schlaufen bilden, halte die Fadenenden vor Beginn der ersten Stiche hinter dem Nähmaschinenfuß fest. Somit verhinderst du, dass der Oberfaden nach unten gezogen wird und sich dadurch mit dem Unterfaden verwickelt. Nach 2–3 Stichen lasse die Fadenenden einfach los und steppe weiter.

Tipp 3

Um die Ecke steppen:

Musst du einmal um die Ecke steppen, dann lasse die Nadel genau an der markierten Ecke stecken und hebe den Nähfuß an.

Drehe dein Nähstück in die gewünschte Richtung um. Nun senke den Nähfuß wieder ab und steppe in der neuen Richtung weiter.

Solltest du mal den Nähfuß im Nähvorgang heben müssen (hierfür gibt es verschiedene Gründe), dann lasse auch hier die Nadel im Stoff stecken. Steckt nämlich die Nadel im Stoff, während der Fuß angehoben wird, verschieben sich der Stoff sowie Ober- und Unterfaden nicht und ein Verheddern beim Weitersteppen wird vermieden.

Hilfe! Nähmaschine frisst den Stoff!

Wie oft ist mir das am Anfang passiert und wie oft mir das Schweißperlen auf die Stirn getrieben hat … phhuuu!

Aber aus Fehlern lernt man und mit der Zeit kennt man den einen oder anderen Trick, um das zu vermeiden.

Stofffressen vermeiden:

Oft kommt es bei Jerseystoffen vor, dass sie in die Maschine eingezogen werden, wenn man mit dem Absteppen ganz am Anfang beginnen möchte. Um hier das Stofffressen zu vermeiden, fange einfach 1,5–2 cm weiter unten an zu steppen.

Steppe einige Stiche vor und steppe dann die 1,5–2 cm mit Rückwärtsstichen zurück. Jetzt kannst du wieder den Vorwärtsstich einschalten und normal weitersteppen. Der Stoff wird nicht gefressen und du hast eine saubere Naht.

Bei ganz dünnen Stoffen wie z. B. Chiffon, Seide oder auch Viskose empfiehlt es sich, ein kleines Stück Backpapier am Anfang unter den Stoff und das Nähfüßchen zu legen und die ersten Stiche darauf zu steppen. Nach dem Nähvorgang entfernt man einfach das Backpapier vorsichtig vom Stoff, die Naht wird dadurch nicht beeinträchtigt.

Weitere Tipps zum Thema Stofffressen findest du in diesem YouTube-Video von mir:

Wie schafft man es, gerade und saubere Nähte zu steppen?

Tipp 5

Gerade Nähte steppen:

Um die Nähte schön gerade steppen zu können, orientiere dich am besten an deinem Nähfuß. Wenn du füßchenbreit steppst, läuft die Außenkante vom Stoff exakt am Nähfuß entlang. Schau hier am besten auf den Nähfuß und nicht auf die Nadel. Steppe am Anfang mit einer langsamen Geschwindigkeit, um jeden Stich kontrolliert auszuführen.

Solltest du eine Kante breiter absteppen wollen, so kannst du dich an den Markierungen an deiner Nähmaschine orientieren. Wenn die Markierung auf der Stichplatte nicht ausreicht, kannst du ein Kantenlineal zu Hilfe nehmen. Ein Kantenlineal ist meistens bei einer Nähmaschine im Zubehör dabei. Sollte auch das Lineal nicht mehr ausreichen, so kannst du ein Klebeband / Kreppband zu Hilfe nehmen und den gewünschten Abstand von der Nadel nach rechts abmessen und das Klebeband an dieser Stelle aufkleben. Jetzt kannst du dein Nähstück genau an der Klebebandmarkierung entlanglaufen lassen. Eine weitere Möglichkeit wäre, auf dieselbe Weise ein Gummiband anzubringen und das Nähstück an der Gummibandmarkierung entlanglaufen zu lassen.

Wenn du diese 5 Tipps von Anfang an beachtest, bin ich mir sicher, dass du schnell tolle Ergebnisse bekommst.

2.2 Nähprojekt 2 – Turnbeutel

Eine Kissenhülle mit Hotelverschluss hast du schon im ersten Kapitel genäht – nun zeige ich dir, wie du einen Turnbeutel nähen kannst.

Für den Turnbeutel brauchst du:

	für Erwachsene	Kinder
Kordel	2 × 1,80 m	2 × 1,50 m
Außen- und Innenstoff jeweils ein Zuschnitt von	100 × 35 / 40 cm	90 × 35 cm
Außenstoff Zuschnitt	8 × 14 cm	8 × 14 cm

Für den Turnbeutel eignen sich etwas dickere, robustere Webwarenstoffe am besten. Ich nehme am liebsten Canvasstoffe. Solltest du etwas ganz Besonderes nähen wollen, kannst du auch Jeans-, Kork- und Lederstoffe nutzen. Dehnbare Stoffe würde ich bei diesem Nähprojekt nicht empfehlen.

Als Erstes bereitest du den kleinen Zuschnitt für die Schlaufen vor. Dafür wird der Zuschnitt von 8 × 14 cm der Länge nach links auf links in der Hälfte gebügelt. Nun hast du ein Teil von 4 × 14 cm. Jetzt wird er aufgeschlagen und die Außenseiten werden zur Mitte (Bügelfalte) auf der linken Seite hingelegt und gebügelt.

So schaut es aus:

Jetzt wieder in die erste Bügelfalte legen und bügeln. Die Außenkanten liegen nun innen.

Es ist empfehlenswert, die offene lange Seite mit einem Geradstich abzusteppen. Der lange Streifen wird nun in zwei gleichmäßige Teile geschnitten und die Außenseiten mit einem Zickzackstich versäubert. Die Schlaufen sind jetzt komplett vorbereitet.

Im zweiten Schritt legst du den großen Zuschnitt vom Außen- und Innenstoff links auf links aufeinander und steppst entweder mit der Overlock oder

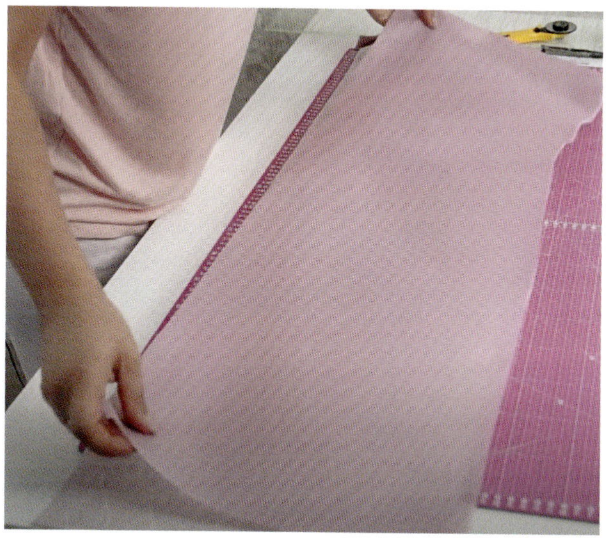

mit der Nähmaschine mit einem Zickzackstich rundherum ab.

Als Nächstes schlägst du an jeder Ecke auf der langen Seite des Stoffes ein Stück um 1 cm ein,

im gleichen Zug die obere Kante um 3 cm um und steckst es fest.

Sind alle Ecken gesteckt, nähst du einen Tunnel, indem du die um 3 cm umgeschlagene Seite mit einer Nahtzugabe von 2,5 cm absteppst.

Teste bitte vorher, ob die Kordel 2 × in den Tunnel passt. Sollte nämlich die Kordel sehr dick sein, kann es sein, dass du den Tunnel nicht um 3 cm umschlagen musst, sondern um 4 cm und mit einer Nahtzugabe von 3,5 cm absteppen musst, damit die Kordeln ohne Probleme durchpassen.

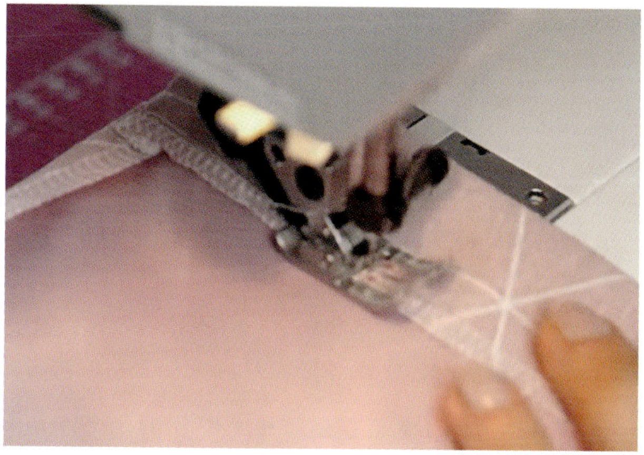

Im nächsten Schritt legst du den Stoff rechts auf rechts in der Hälfte zusammen, sodass der Tunnel auf Tunnel liegt.

Unten in den Bruch legst du nun die vorbereiteten Schlaufen rein.

Und zwar so, dass die Streifen im Bruch liegen – die Schlaufe liegt innen, ihre offenen Enden liegen mit den offenen Seiten des Turnbeutels zusammen.

Zum Schluss steppst du die beiden offenen Seiten mit einem Geradstich und einer Nahtzugabe von 1 cm ab. Die Naht endet kurz vor dem Tunnel. Vergiss das Verriegeln mit einigen Vor- und Rückstichen nicht.

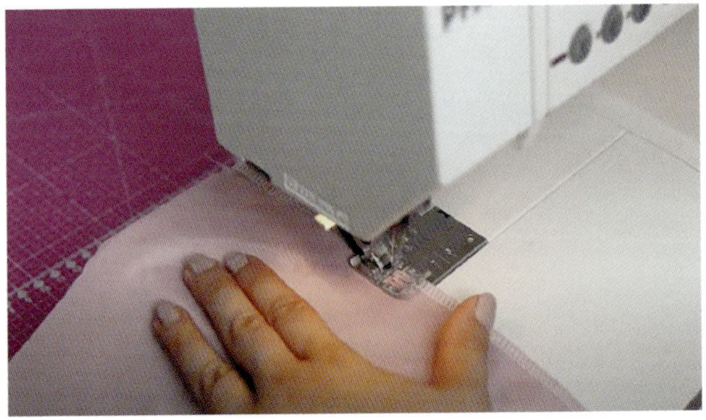

Der Turnbeutel ist nun fast fertig. Jetzt muss nur noch die Kordel eingesetzt werden. Wende den Turnbeutel nun auf die rechte Seite, nimm dir eine Kordel und eine Sicherheitsnadel

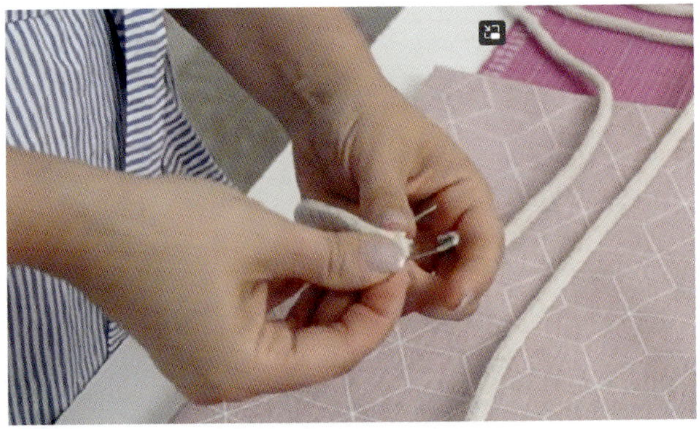

und ziehe die Kordel durch beide Tunnel in einem Zug durch.

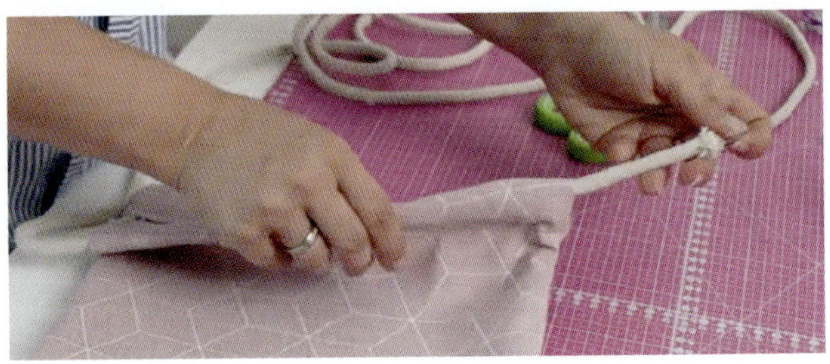

Die zweite Kordel wird in die entgegengesetzte Richtung eingezogen.

Im letzten Schritt nimmst du dir die beiden Enden der Kordel, ziehst sie durch die Schlaufen durch und bindest einen Knoten, damit die Kordeln nicht aus der Schlaufe rutschen können.

Fertig ist dein zweites Nähprojekt – großartig!

Sollte dir ein Schritt in der Anleitung unklar sein, schau dir gerne mein Anleitungsvideo auf YouTube an:

Du kannst den Turnbeutel auch mit Ohren und einem Puschel erweitern – wie das geht, erkläre ich mit meiner Tochter zusammen in dieser Nähanleitung:

2.3 Nähprojekt 3 – Utensilo

Nähen wir ein Utensilo? Ein Utensilo ist super praktisch! Man kann einen Utensilo als Aufbewahrung im Badezimmer, Kinderzimmer oder sogar als Brotkörbchen benutzen. Ich nutze Utensilos auch gerne als Geschenkverpackung – somit bekommt das Geschenk noch eine persönliche Note. Ein Utensilo lässt sich in beliebiger Größe nähen. Man kann es sogar in einer XXL-Variante ausführen und das Utensilo zusätzlich mit Henkeln ausstatten – somit erhält man beispielsweise einen Wäschekorb oder eine tolle Spielzeugaufbewahrung für das Kinderzimmer.

Für dieses Projekt kannst du etliche Web-Stoffarten verwenden, z. B. reine Baumwolle, Baumwollpopeline, Jeans, Canvas, Leinen, Hanfstoffe und andere. Wichtig ist, dass der Stoff keinen Elasthananteil hat.

Wenn dein Stoff etwas dünn ist und nicht die Form behalten kann, solltest du ein passendes Bügelvlies vorbereiten. Bügelvlies gibt es in verschiedenen

Qualitäten und Beschaffenheiten. Für die Erstellung von Taschen und Home-Accessoires wird beispielsweise ein etwas stärkeres Vlies benötigt als bei der Herstellung von Kleidungsstücken.

Welche Arten von Bügelvlies es gibt und für was diese verwendet werden, kannst du gerne hier nachlesen: **https://www.vlieseline.com/Produkte**

Machen wir uns ans Werk ... Ich erkläre dir nun, wie du den Stoffverbrauch ermittelst. Wenn du verstanden hast, wie die Berechnung funktioniert, kannst du jede beliebige Größe von einem Utensilo nähen – je nach Bedarf und Wunsch.

Zur Berechnung: Lege zunächst die gewünschte Länge und Breite deines gewünschten Utensilos fest (welche Größe soll es im fertigen Zustand haben?). Wenn du einen Umschlag wünschst, rechne auch hier die gewünschte Größe des Umschlags ein.

Beispielsweise Länge 12 cm, Breite 10 cm und Höhe 12 cm, Umschlag 4 cm.

Zunächst rechnet man den Umfang aus. Hierbei wird die Länge × 2 sowie die Breite × 2 gerechnet. In meinem Beispiel: (12 × 2) cm + (10 × 2) cm = 44 cm. Für die Nahtzugabe gebe ich an beiden Seiten 1 cm hinzu, d. h. der berechnete Umfang 44 cm + 2 cm = 46 cm.

Nun berechne ich die Höhe des Utensilos. Hierfür wird der gewünschte Umschlag und die gewünschte Höhe im fertigen Zustand benötigt – bei mir soll der Umschlag 4 cm sein und die Höhe 12 cm. Dazu kommt noch die halbe Bodenbreite der kurzen Seite vom Utensilo. Meine gewünschte Breite des Utensilos soll 10 cm sein, somit ist die Hälfte 5 cm.

Ich rechne zusammen: Umschlag 4 cm + Höhe 12 cm + halbe Bodenbreite der kurzen Seite 5 cm. Hierzu füge ich wieder 1 cm Nahtzugabe an beiden Seiten hinzu.

Rechnung: 4 + 12 + 5 + 2 = 23 cm Höhe

Somit erhalte ich einen Stoffzuschnitt in 46 cm Länge und 23 cm Höhe.

Nun werden ein Außenteil und ein Innenteil in der Größe 46 × 23 cm zugeschnitten. Solltest du einen dünnen Stoff haben, schneidest du das Bügelvlies ebenfalls in dieser Größe zu.

Das Bügelvlies wird auf die linke Seite des Außenstoffs aufgebügelt.

Nun legst du Außen- und Innenstoff rechts auf rechts zusammen. Hier musst du auf den Musterverlauf achten.

Die erste gesteppte Seite wird später die obere Kante des Utensilos sein. Solltest du einen Musterverlauf haben, achte darauf, dass das Muster in der richtigen Richtung liegt.

Ist die obere lange Seite zusammengefügt und zusammengesteckt, wird diese mit einem Geradstich abgesteppt.

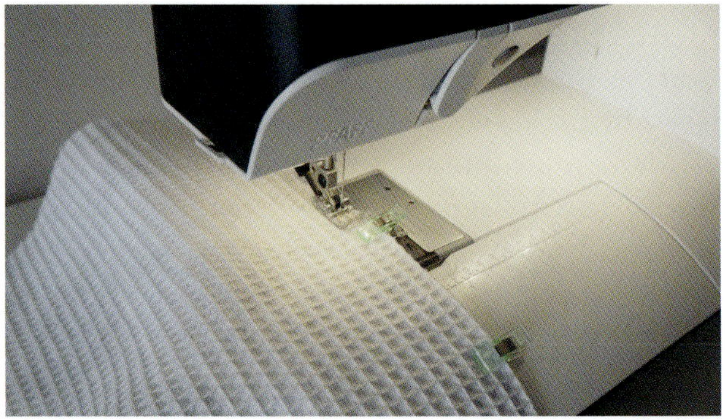

Wenn du zwischen den Nähvorgängen immer zwischendrin bügelst, wird das Ergebnis besonders schön. Deshalb schlage ich die beiden Stoffe auf und bügele direkt die Nahtzugabe auseinander.

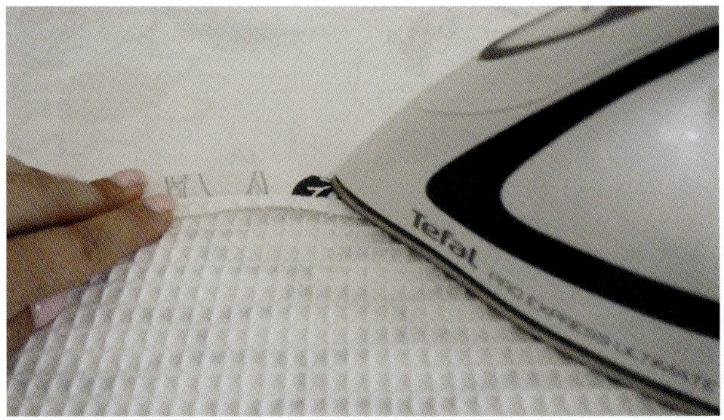

Nun wird das Nähstück zur Hälfte gefaltet, sodass der Stoff rechts auf rechts liegt. Innenstoff liegt jetzt auf Innenstoff und Außenstoff auf Außenstoff.

Die Nähte sollten beim Zusammenlegen exakt aufeinander treffen, die Nahtzugaben liegen dabei auseinander.

Jetzt wird das Nähstück rundherum gesteckt – entweder mit Nadeln oder Klipsen.

Im nächsten Schritt werden alle drei Seiten mit einem Geradstich abgesteppt, wobei auf dem Innenstoff eine kleine Wendeöffnung freigelassen wird.

Jetzt werden die Ecken des Utensilos genäht. Hierfür wird das Maß der kurzen Seite benötigt. Ich hatte 10 cm gewählt, somit muss ich in den Ecken die 10 cm abmessen und markieren. Damit dies leichter gelingt, erstelle ich eine Schablone.

Als Nächstes schlage ich den Stoff an der unteren Seite vom Innenstoff sowie am Außenstoff auf und zeichne anhand der Schablone die Markierung in den Ecken ein.

Schaue dir gerne die Anleitung dazu an. Dieses Video ist exklusiv für die Inhaber dieses Buches erstellt worden.

Die eingezeichneten Ecken werden jetzt mit einem Geradstich abgesteppt und einen Zentimeter vor der Naht abgeschnitten.

Im letzten Schritt wird das Utensilo durch die Wendeöffnung auf die rechte Seite gewendet und die Wendeöffnung geschlossen.

Die Wendeöffnung kann man sehr gut mit einem Matratzenstich von Hand schließen oder knappkantig mit der Nähmaschine absteppen.

Fertig ist das Utensilo! Bravo!

2.4 Nähprojekt 4 – Kleine 10-Minuten-Tasche

Für dieses Projekt benötigst du einen nicht dehnbaren Stoff. Hier eignen sich Webwaren wie Baumwollpopeline, Canvas, Jeans, Cord und andere nicht dehnbare Stoffe. Achte nur darauf, dass der Stoff nicht zu steif ist, damit man später einen Knoten binden kann. Weiter benötigst du 25 cm Gurtband, ein Stück Kunstleder oder ein Stück von einem Reststoff, um einen Henkel für die Tasche zu erstellen.

Schneide zunächst ein Quadrat von 65 × 65 cm zu.

Bügele alle Seiten jeweils einen Zentimeter 2 × um.

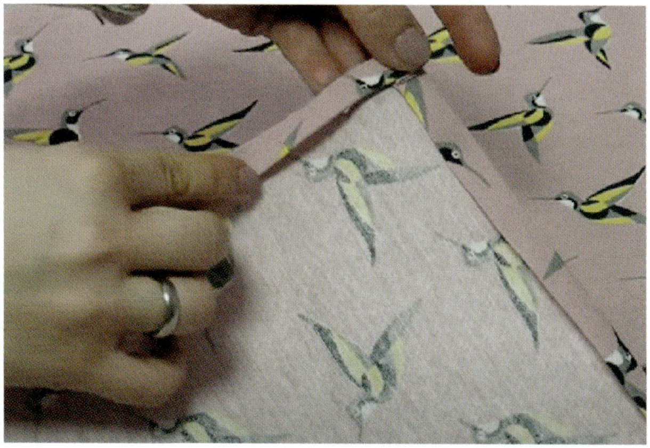

Schlage die umgebügelten Ecken auf und schneide etwas von der Ecke ab,

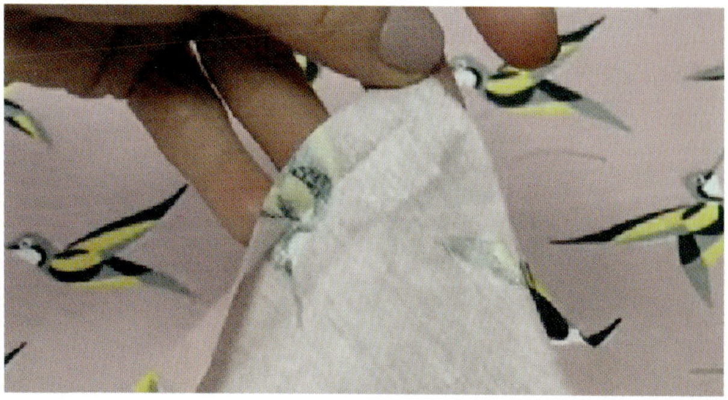

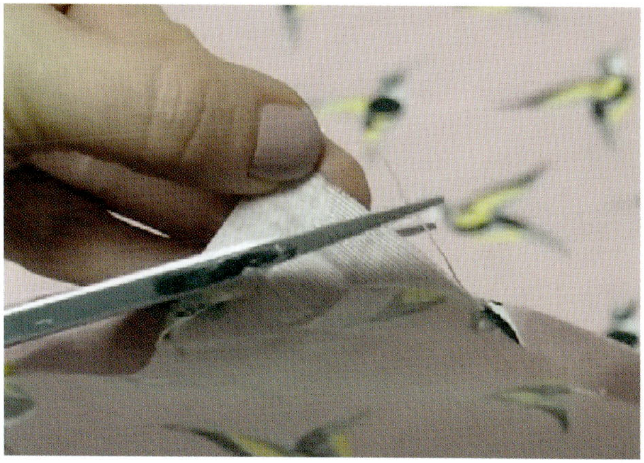

damit diese nicht zu dick ist, wenn du sie im nächsten Schritt absteppst.

Markiere nun an zwei gegenüberliegenden Seiten deines Stoffes die Mitte.

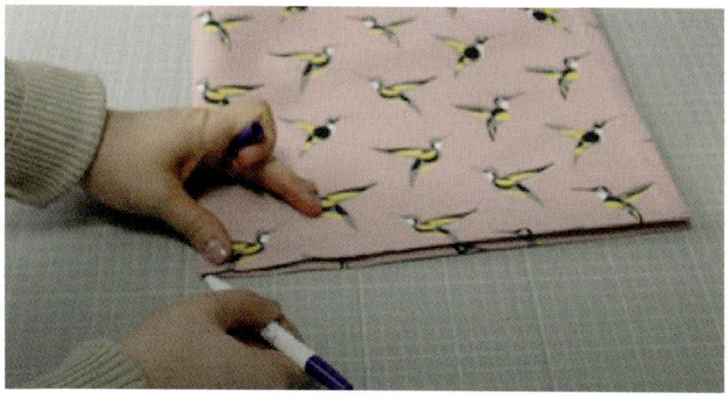

Lege nun dein Gurtband an dieser Markierung mittig unter die umgebügelte Kante rein und stecke es fest. Ziehe das andere Ende des Gurtbandes auf die gegenüberliegende Stoffseite rüber und lege es auch da unter die umgebügelte Kante und stecke auch hier das Gurtband fest.

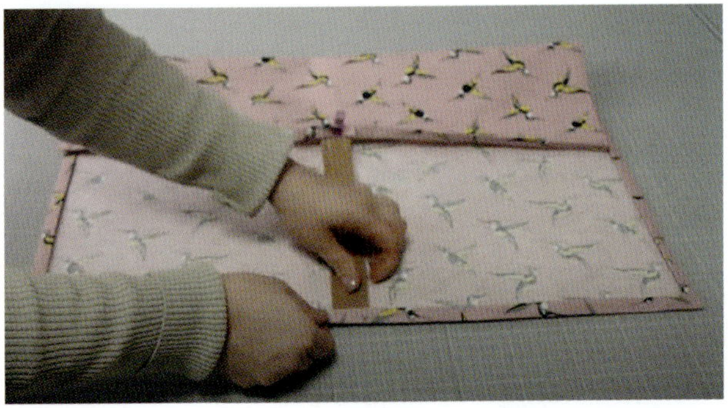

Jetzt wird die umgebügelte Kante einmal komplett rundherum mit einem Geradstich abgesteppt, dabei erfasst man auch die Henkel.

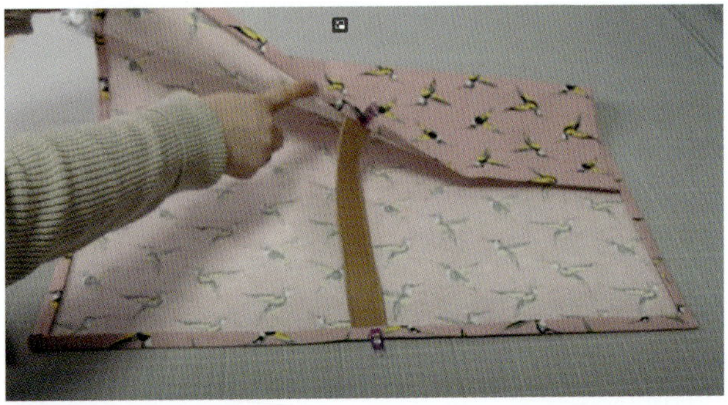

Im letzten Schritt wird die rechte Stoffseite an den Henkeln hochgeschlagen und in der Breite des Henkels mit einem Geradstich abgesteppt. Somit beult sich der Stoff nicht auf die linke Stoffseite.

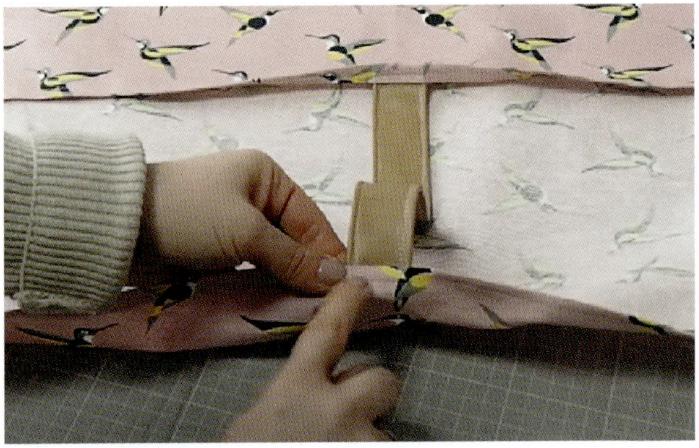

Final müssen nur noch zwei Knoten gebunden werden. Dazu nimmt man sich jeweils zwei Ecken auf der Seite, wo der Henkel angenäht wurde und bindet sie zusammen.

Danach die gegenüberliegende Seite – und Tadaaa: Die kleine 10 Minuten Tasche ist fertig!!!

Das Video zu dieser Nähanleitung findest du hier:

Kapitel 3

3.1 Stoffkauf

Im letzten Kapitel hast du Tipps und Tricks an die Hand bekommen sowie die Präsentation einiger Nähprojekte für Anfänger erhalten. Ich hoffe, du bist auch schon zur Umsetzung gekommen und hast Erfolg gehabt. In diesem Kapitel möchte ich dich zu weiteren, etwas anspruchsvolleren Nähprojekten motivieren.

Nähen ist wie zaubern zu können – sagt man so schön ... Nun, wenn man dieses zauberhafte Werk schon etwas erlernt hat, kann man seinen Liebsten auch eine Freude machen ...

Ich stelle dir in diesem Kapitel einige Geschenkideen vor, die deinen Liebsten gewiss eine Freude bereiten werden. Außerdem möchte ich einige Worte dem Stoffkauf widmen.

Stoffkauf

Als Anfängerin habe ich Stoffe nach Lust und Laune ausgesucht und gekauft. Später habe ich überlegt, was ich denn daraus nähen kann. Oder ich stand im Laden und habe mir überlegt: „Aus dem Stoff könnte ich mir ein Kleid vorstellen und aus dem hier eine tolle Hose ..." Und als ich dann die Stoffe zu Hause auspackte, habe ich meist vergessen, was ich damit vorhatte oder festgestellt – die Länge des Stoffes reicht mir für das geplante Projekt gar nicht aus ...

Nun, mein Tipp an dich: Suche dir zuerst ein Nähprojekt aus. Lies nach oder informiere dich, welche Stoffart sich dafür am besten eignet und wie viel Stoff du für dieses Projekt benötigst. Solltest du ein fertiges Schnittmuster haben, steht meistens in der Beschreibung drin, wie viel Stoff man benötigt. Wenn du dein Schnittmuster selbst zeichnest, solltest du nachrechnen, wie viel Stoff du brauchst.

Schreibe dir am besten einen Einkaufszettel mit genauen Angaben wie:

Stoffart, Farbe, benötigte Länge und dein Projekt
(+ eventuell Budget)

Somit hast du bei der Auswahl der Stoffe einen Überblick, was benötigt wird. Solltest du in ein Fachgeschäft vor Ort gehen, wirst du dort sehr gerne von einem Mitarbeiter beraten. Fasse die Stoffe vor Ort an und spüre, ob sie sich gut auf der Haut anfühlen, wenn du daraus ein Kleidungsstück nähen möchtest.

Was ich dir noch empfehlen würde:

- Kaufe am Anfang keine teuren Stoffe, damit du dich nicht ärgerst, wenn mal etwas schiefläuft.
- Unistoffe oder Musterstoffe eignen sich am Anfang mehr als Karos und Streifen – da hier eine schiefe Naht nicht sonderlich auffälligist.

Im zweiten Kapitel habe ich dir erklärt, warum es so wichtig ist, Stoffe vorzuwaschen – nun möchte ich zum Thema Bügeln kommen.

3.2 Bügeln – Tipps und Tricks

Bügeln

Bügeln ist beim Nähen sehr wichtig und unerlässlich. Solltest du einen Stoff haben, der von seiner Beschaffenheit her nicht gebügelt werden darf – wie zum Beispiel ein Fellstoff o. Ä. –, dann sollte das beachtet werden. Alle anderen Stoffe müssen gewaschen und gebügelt werden – außer davon wird ausdrücklich abgeraten.

Ist dein Stoff gewaschen und du legst ihn einfach für den Zuschnitt hin (ohne zu bügeln), wird der Stoff nicht komplett faltenfrei liegen können. Dadurch wird der Zuschnitt nicht genau und das Endergebnis wahrscheinlich enttäuschend.

Durch das Bügeln zwischendrin – wie z. B. das Auseinanderbügeln der Nahtzugaben und das Ausbügeln der Abnäher – bringst du dein Nähstück in Form und lässt dein Endergebnis schöner aussehen. Außerdem kann das Bügeln dazu dienen, um kleine Fehler oder entstandene Wellen zu minimieren.

Wichtig: Achte auf die Bügeltemperatur. Je nach Stoffart variiert die Bügeltemperatur. Baumwolle und Leinenstoffe können sehr heiß gebügelt werden. Synthetikstoffe, Wollstoffe und Stoffe mit einem hohen Elasthananteil dürfen dagegen nicht heiß gebügelt werden. Polyesterstoffe beispielsweise können bei heißen Bügeltemperaturen schmelzen. Beachte hier die Angaben vom Hersteller und probiere erst an einer kleinen Stofffläche seitlich aus, ob die Bügeltemperatur gut ist.

Weitere Bügeltipps:

- Bügele deinen Stoff immer von der linken Seite, um Glanzstellen zu vermeiden. Solltest du doch einmal von der rechten Seite bügeln müssen, dann lege gerne ein dünnes Baumwolltuch zwischen Stoff und Bügeleisen, um den Stoff zu schützen.
- Sollte trotzdem eine Glanzstelle entstanden sein, lege ein mehrfach gefaltetes, nasses Tuch auf die Glanzstelle und bügele noch einmal ohne Druck drüber. Nimm das Tuch herunter, bevor es trocken ist und bürste die Stelle mit einer weichen Kleiderbürste vorsichtig aus.
- Bügele zwischen den Nahtvorgängen deine gesteppten Nähte.
- Bügele zunächst eine Naht flach und danach die Nahtzugaben auseinander. Eine Overlocknaht wird auch zuerst flach und dann zur Seite gebügelt.
- Arbeite beim Bügeln vorsichtig, gleite leicht mit der Spitze über die Nähte. Setze das Bügeleisen nicht zu fest auf die Naht, sonst könnte sie sich auf der rechten Seite durchdrücken.
- Geheftete Nähte sollten nur leicht angebügelt werden, denn der Heftfaden könnte Abdrücke hinterlassen und die festgebügelten Brüche könnten im Falle einer Änderung schwer zu beheben sein.
- Sollte dein Stoff doppelt liegen, bügele nie über den Stoffbruch drüber. Es könnte passieren, dass sich diese Bügelfalte nicht mehr entfernen lässt.
- Kreidestriche sollten vor dem Bügeln mit einer Kleiderbürste ausgebürstet werden, damit sich diese nicht festbrennen.
- Stoffe dürfen beim Bügeln nicht gedehnt werden – außer es ist ausdrücklich im Schnittmuster gefordert.
- Bei runden Nähten ist es empfehlenswert, die Nahtzugabe mehrmals bis dicht vor die Stepplinie einzuschneiden und die Nahtzugabe wie auch

bei geraden Nähten auseinander zu bügeln. Hier könnte ein Bügelkissen / Bügelei behilflich sein oder die Kante des Bügelbretts.

- Wenn du den Saum eines Glockenrocks umbügeln musst, ist es hilfreich, zunächst zwei parallel verlaufende Kräuselnähte ca. 1 cm von der Schnittkante entfernt zu steppen. Nun kräuselst du den Saum leicht an und bügelst den Saum Richtung Schnittkante um, sodass möglichst keine Falten entstehen.
- Bügele dein fertiges Nähprojekt zum Schluss nochmal komplett, dadurch erhält es ein professionelles Aussehen.

Ich hoffe, ich konnte dir die Wichtigkeit des Bügelns näherbringen und du nimmst es in deinen kommenden Nähprojekten mit auf.

3.3 Nähprojekt 5 – Geschenkidee Wärmekissen

Ein Wärmekissen ist eine wundervolle Geschenkidee zur Geburt, zur Taufe, zum Geburtstag, zu Weihnachten oder einfach als Mitbringsel. Es ist entspannend und besonders bei kalten Tagen wohltuend. Beim Blähbauch oder bei Schmerzen – z. B. Nacken-, Bauch- oder Regelschmerzen – ist es ein toller Helfer.

Die Kerne können die Wärme sehr schnell aufnehmen und dosiert wieder abgeben, daher eignen sie sich gut zur Steigerung des Wohlbefindens.

Zum Aufwärmen:

In der Mikrowelle bei maximal 600 Watt 60–90 Sekunden erhitzen oder in den Backofen legen – nicht vorgeheizt bei 130 °C für 7–9 Minuten.

Nach dem Aufwärmvorgang durch Schütteln des Kissens die Wärme gleichmäßig im Kissen verteilen.

Das Kissen kann aber auch als Kältekompresse angewendet werden. Dazu legt man das Kissen in einem Frischhaltebeutel in die Tiefkühltruhe, bis es kalt geworden ist.

Das Wärmekissen kann mit Kirschkernen oder mit Traubenkernen gefüllt werden.

Webwaren wie Baumwollpopeline, Musselin, Canvas, Jeansstoffe etc. würden sich sehr gut für die Herstellung eignen.

Ich habe eine Baumwollpopeline für das Innenkissen und einen Canvasstoff für den Außenbezug ausgewählt.

Die Größe des Wärmekissens kannst du frei auswählen, so wie es dir am besten gefällt. Ich habe für das Inlay (Innenkissen) ein Rechteck in 50 × 35 cm zugeschnitten.

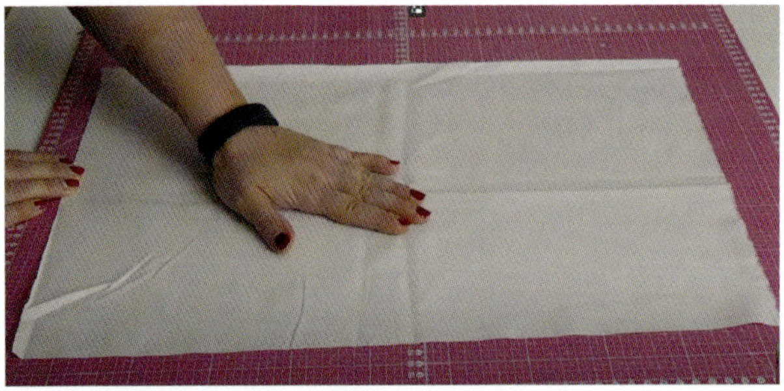

Im ersten Schritt nimmst du die lange Seite und legst den Stoff rechts auf rechts in Bruch. Nun steppst du eine kurze Seite sowie die lange offene Seite mit einem Geradstich und einer Nahtzugabe von 1,5 cm ab.

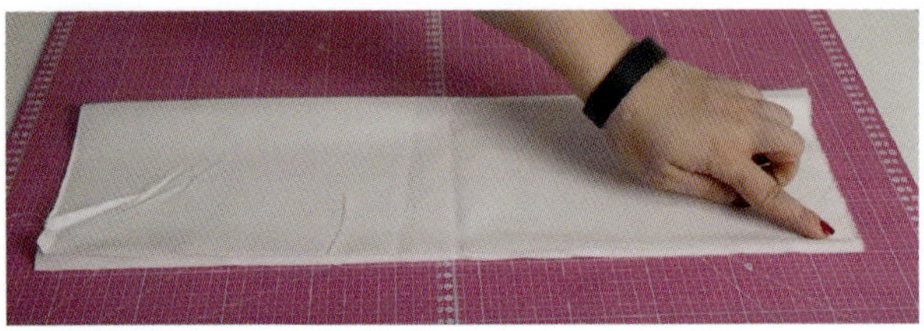

Im nächsten Schritt wird das Nähstück auf die rechte Seite gewendet und abgebügelt.

Jetzt solltest du dich festlegen, wie viele Kammern du in deinem Wärmekissen haben möchtest. Ich habe mich für vier Kammern entschieden. Von der gesamten Länge ziehe ich 1,5 cm Nahtzugaben an der offenen Seite ab. Das restliche Maß teile ich durch vier. Bei mir ist ein Wert von 11,75 cm herausgekommen, ich runde es auf 11,5 cm ab, da man es in diesem Fall nicht millimetergenau machen muss.

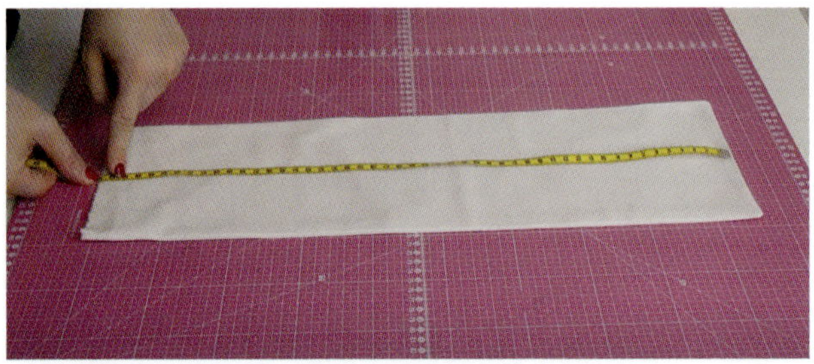

Im nächsten Schritt fülle ich einen Teil der Traubenkerne in das Inlay ein und überprüfe, ob die Menge für die erste Kammer ausreicht, wenn ich meinen Wert von 11,5 cm ausmesse. Sollte es zu viel oder zu wenig sein, muss die Menge an Kernen angepasst werden.

Jetzt wird an dieser Stelle die Nahtlinie mit Nadeln markiert und mit einem Geradstich abgesteppt.

Nun wird die nächste Kammer mit Traubenkernen aufgefüllt, das Maß ausgemessen, mit Nadeln markiert und mit einem Geradstich abgesteppt.

Zum Schluss werden die Kanten der letzten Kammer um 1,5 cm nach innen geschlagen, festgesteckt und mit einem Geradstich abgesteppt.

Im ersten Schritt wird eine kurze Seite 2 × um 1 cm umgeschlagen und umgebügelt.

Das Inlay ist somit fertig. Jetzt wird der Bezug genäht.

Für den Bezug habe ich ein Rechteck zugeschnitten in der Größe von 56 × 35 cm.

Den Bezug nähe ich mit der französischen Naht zusammen. Dafür lege ich die lange Seite des Stoffes links auf links zusammen und steppe die kurze, nicht umgebügelte und die lange Seite mit einem Geradstich und einer Nahtzugabe von 0,5 cm ab.

Als Nächstes wird die Nahtzugabe bis ca. 2 mm vor die Naht zurückgeschnitten.

Nun werden der Bezug auf die linke Seite gewendet und die Seiten gut abgebügelt. Jetzt werden die eben abgesteppten Seiten nochmals von der linken Seite abgesteppt und zwar auch mit einem Geradstich und einer Nahtzugabe von 0,5 bis 0,7 mm.

Im letzten Schritt wird die umgebügelte Kante mit einem Geradstich und einer Nahtzugabe von 0,7 mm abgesteppt.

Wer möchte, kann an der offenen Seite noch zwei Knopflöcher nähen und zwei Holz- oder Bambusknöpfe anbringen. Bei Anbringung von Kam Snaps musst du bedenken, dass das Kissen eventuell in der Mikrowelle aufgeheizt wird und die Plastik Kam Snaps schmelzen könnten.

Ich entschied mich, meinen Bezug ohne Verschluss zu lassen und bin mit dieser Entscheidung zufrieden.

Dein Wärmekissen ist fertig! Hurra!!!

Die Video-Nähanleitung zum Wärmekissen kannst du dir hier anschauen:

3.4 Nähprojekt 6 – Geschenkidee Brillenetui aus Filz

Ein Brillenetui aus Filz ist praktisch, wenn man in der Tasche wenig Platz hat. Ein Hardcase nimmt oftmals viel Raum in der Tasche ein. Vor allem Brillenträger, die zwei Brillen in der Tasche dabeihaben, werden sich über so ein schlankes Brillenetui freuen.

Für das Brillenetui werden ein Stück Filz und nach Wunsch eine beschichtete Baumwolle benötigt. Die beschichtete Baumwolle dient nur zur Dekoration des Brillenetuis. Das Brillenetui kann auch komplett einfarbig aus Filz genäht werden.

Die Größe der Zuschnitte beträgt:
Filz: 18 × 18 cm
Beschichtete Baumwolle: 18 × 7 cm

Die beschichtete Baumwolle wird links auf rechts auf den Filzzuschnitt gelegt und festgesteckt. Wenn man möchte, kann man noch ein „Handmade“-Label anbringen.

Im ersten Schritt wird die beschichtete Baumwolle an der oberen Seite mit einem Geradstich und einer Nahtzugabe von 0,5 mm an den Filz angesteppt.

Nun wird der Zuschnitt links auf links zusammengelegt und die lange sowie die untere kurze Seite werden mit einem Geradstich und einer Nahtzugabe von 1 cm abgesteppt.

Zum Schluss kann die Nahtzugabe auf ca. 0,5 mm sauber zurückgeschnitten werden und schon ist das Brillenetui auch fertig!

Schaue dir gerne die Video-Nähanleitung auf meinem YouTube-Kanal dazu an:

3.5 Nähprojekt 7 – Geschenkidee Umschlag für ein Buch oder einen Kalender

Ein Buchumschlag kann einen einfachen Kalender vor Abnutzung schützen und ihm eine besondere und persönliche Note verleihen. Der Umschlag kann für allerlei Bücher und Notizblöcke genäht werden und ganz individuell gestaltet werden.

In meinem YouTube-Video zeige ich dir zwei Varianten eines Umschlags. Ich würde dir zunächst empfehlen, die einfache Variante zu nähen, bevor du dich an die Variante mit dem Reißverschluss begibst.

Die einfache Variante hat die Lasche mit dem Klips im fertigen Zustand auf der linken Seite – diese ist besonders für Linkshänder praktisch. Soll deine Lasche auf der rechten Seite angenäht werden, so musst du die Lasche einfach auf der gegenüberliegenden Seite platzieren. Dies erkläre ich dir gleich in den nächsten Schritten.

Als Erstes musst du den Buchumfang ausmessen. Dazu legst du das Maßband an einer Seite an, gehst über den Buchrücken auf die rückwärtige Seite und liest den Wert ab. Bei mir sind es genau 33 cm.

Jetzt wird die Höhe des Buches ausgemessen. Bei mir sind es 22 cm.

Als Nächstes sollte man festlegen, wie breit die Laschen innen im Buch werden sollen. Ich wähle in meinem Fall 8 cm aus.

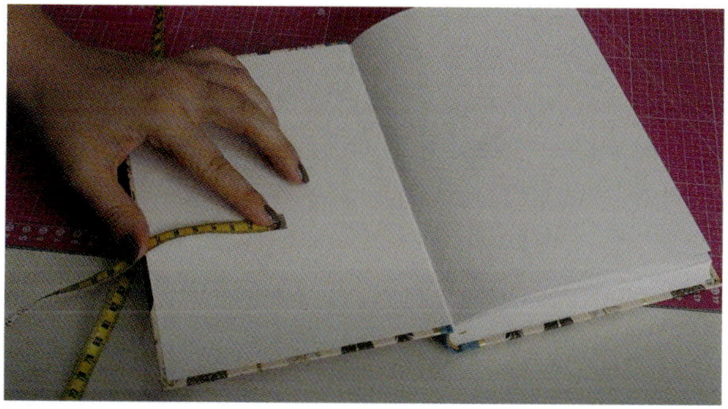

Nun werden alle benötigten Teile für den Umschlag zugeschnitten.

Man benötigt ein Außenteil – die Größe richtet sich nach den ausgemessenen Maßen. Der Umfang meines Buches ist 33 cm und die Höhe 22 cm. Zu diesen Werten gebe ich noch 2 cm Nahtzugabe hinzu. Somit ist mein Zuschnitt 35 × 25 cm groß. Den Innenstoff schneide ich in der selben Größe zu.

Für die inneren Laschen habe ich die Breite von 8 cm ausgewählt. Dieses Maß rechne ich mal 2, da sie in Bruch gelegt werden, und gebe ebenfalls 2 cm Nahtzugabe hinzu. Die Höhe der Laschen ist dieselbe wie beim Buch. Das heißt, ich schneide zwei Laschen jeweils in der Größe von 25 × 18 cm zu.

Für die Außenlasche bzw. den Verschluss schneide ich ein Rechteck in der Größe von 11 × 12 cm zu. Hier kannst du entscheiden, ob deine Lasche rechteckig oder rund werden soll.

Der letzte Zuschnitt soll die Halterung für einen Kugelschreiber sein. Hierfür habe ich einen kleinen Abschnitt vom Kunstleder genommen – dieser ist 1,5 × 6 cm groß. Zusätzlich zu den Zuschnitten habe ich noch ein Zierband vorbereitet, welches als Lesezeichen dienen soll.

Im ersten Schritt nehme ich die vorbereiteten Laschen, lege sie links auf links in Bruch, sodass die gewünschte Breite + NZ entsteht, und markiere innen mit einem Trickmarker den Bruch oben und unten.

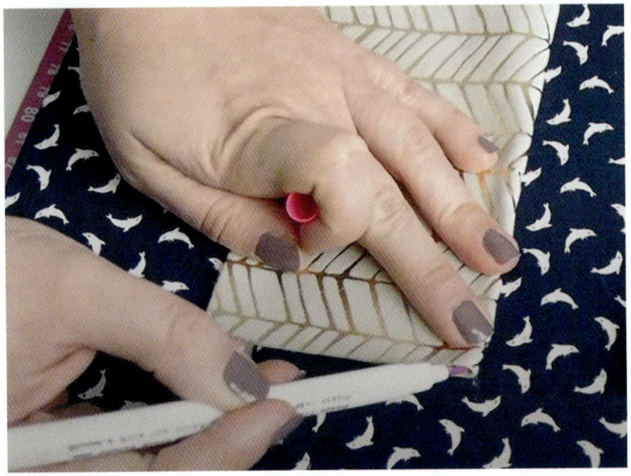

Als Nächstes schlage ich den Zuschnitt auf und lege ein Stück Saumband an meine Markierung und ein weiteres Stück vom Saumband an die linke Kante. Ich klappe die Lasche wieder links auf links ein und bügele die Lasche.

Tipp: Solltest du einen empfindlichen Außenstoff haben, lege entweder etwas Backpapier oder ein Baumwolltuch unter das Bügeleisen, um den Stoff nicht zu beschädigen.

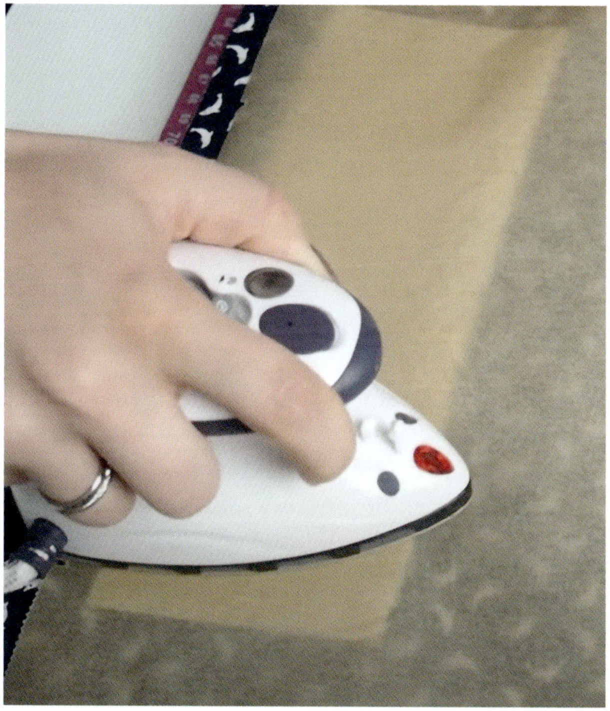

Im nächsten Schritt wird die Außenlasche vorbereitet. Dazu nehme ich mir den Zuschnitt von 11 × 12 cm, lege ihn in Bruch und stecke ihn fest, sodass ein Stück von 11 × 6 cm entsteht. Solltest du die Lasche abgerundet haben wollen, schneide den Bruch auf und zeichne die Rundung ein.

Im Anschluss wird die Lasche mit einem Geradstich und einer Nahtzugabe von 7 mm abgesteppt. Eine kurze Seite bleibt offen, damit man die Lasche wenden kann.

Nun nehme ich den Zuschnitt vom Außenstoff, lege ihn mit der rechten Stoffseite nach oben schauend hin, messe die Höhe aus und markiere mir die Mitte an der Kante.

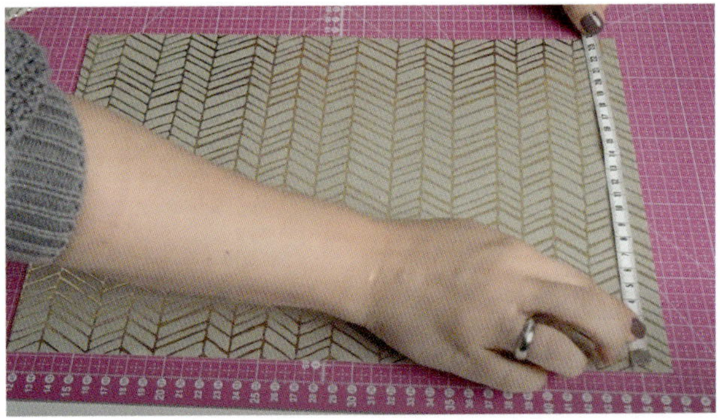

Jetzt wird die Außenlasche mit der offenen Kante mittig auf die Markierung gelegt. An die rechte Seite, wenn es für einen Linkshänder ist oder an die linke Seite, wenn es für einen Rechtshänder ist. Hier aufpassen: In meinem Beispiel nähe ich es für einen Linkshänder.

Der kleine Kunstleder-Zuschnitt wird nun auch in Bruch gelegt und etwas oberhalb der Außenlasche platziert und festgesteckt.

Im nächsten Schritt messe ich die Breite des Außenstoffes aus und markiere mir die Mitte. Hier lege ich das Zierband hin, welches als Lesezeichen dienen soll.

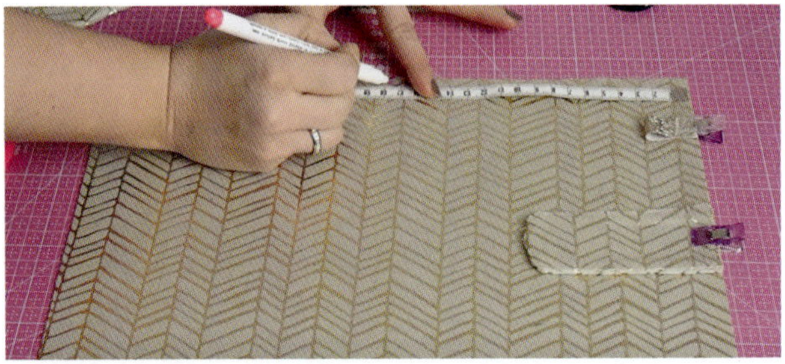

Als Nächstes werden die Innenlaschen platziert. Hierzu nehme ich die vorgebügelten Innenlaschen und lege sie mit den offenen Seiten rechts und links hin. Danach wird noch der Innenstoff rechts auf rechts aufgelegt und rundherum festgesteckt. Dabei aufpassen, dass das Lesezeichen auch innen liegt und beim Absteppen unten nicht herausschaut.

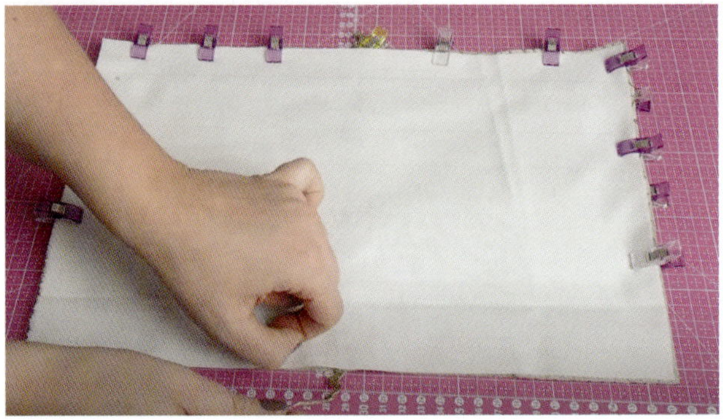

An der unteren Seite wird eine Wendeöffnung freigelassen, am besten eignet sich die Stelle zwischen den beiden Innenlaschen. Markiere dir diese Stelle mit einem Trickmarker.

Nach dem Absteppen schneide ich die Ecken vorsichtig zurück, damit man sie nach dem Wenden gut ausformen kann.

Anschließend wird der Buchumschlag gewendet und die Wendeöffnung verschlossen. Ich nähe die Wendeöffnung mit einem Matratzenstich von Hand zu.

Am Schluss werden noch die Kam Snaps angebracht. Dafür schlage ich die Außenlasche so um, wie sie später geschlossen werden soll und steche mit dem Werkzeug in den Stoff – dadurch markiere ich mir einen Punkt auf der Buchhülle und auf der Lasche.

Ich bringe zunächst den Kam Snap auf der Lasche an und dann auf der Buchhülle selbst. Dazu nehme ich das Buch aus der Hülle heraus.

Der Buchumschlag ist nun fertig! Gratulation!

Schaue dir gerne die Video-Nähanleitung an. Hier zeige ich noch eine andere Variante für einen Buchumschlag:

3.6 Nähprojekt 8 – Geschenkidee Zopfbettschlange / Zopfkissen

Die Zopfbettschlange ist sehr praktisch im Kinderbett, denn sie kann als Begrenzung, Rausfallschutz oder als Nestchen im Babybett genutzt werden. Ein Zopfkissen sieht aber auch auf einem Elternbett oder auf dem Sofa sehr schick aus. Du kannst die Zopfbettschlange zu verschiedenen Anlässen verschenken, z. B. zur Geburt, zum Geburtstag, zur Taufe, zu Weihnachten oder auch zur Einweihungsfeier.

Optimal eigenen sich für dieses Projekt Webwaren, die keinen Elasthananteil haben, da dadurch das Füllen des Kissens viel einfacher gelingt. Ich würde hier Baumwollpopeline, Musselin-, Waffel-, Canvas-, Cord- oder andere nicht dehnbare Stoffe empfehlen. Zusätzlich benötigst du für dieses Projekt Füllwatte. Für die hier angegebene Größe habe ich 3 kg Füllwatte verbraucht. Solltest du die Bettschlange schmaler und kürzer nähen wollen, wirst du auch weniger Füllwatte benötigen.

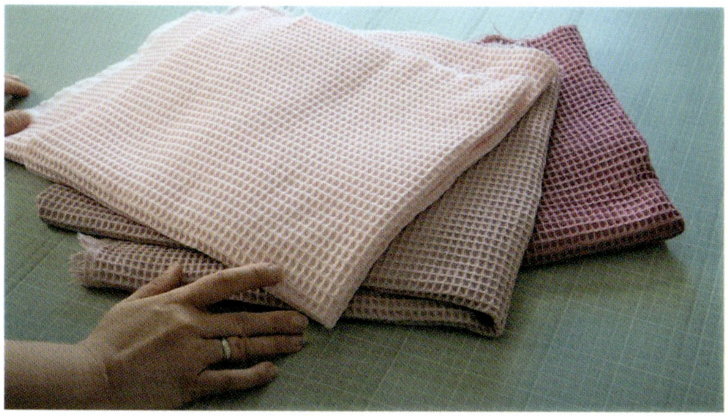

Für meine Zopfbettschlange habe ich einen Waffelstoff in drei verschiedenen Farben ausgewählt. An allererster Stelle müssen die Stoffe unbedingt vorgewaschen und vorgebügelt werden, bevor sie zugeschnitten werden.

Im ersten Schritt wird die gewünschte Länge der Bettschlange festgelegt. Ich plane meine Bettschlange mit einer Länge von 2,40 m. Zu der gewünschten Länge füge ich noch 40 cm hinzu. Die zusätzlichen Zentimeter werden für das Volumen und zum Flechten der Bettschlange benötigt. Wenn du die Bettschlange sehr dicht und voluminös flechten möchtest, rechne lieber 60 cm hinzu.

In dem Beispiel richte ich mich jetzt nach meiner gewählten Wunschlänge 2,40 m + 0,40 m und erhalte eine benötigte Länge von 2,80 m. Der Zopf besteht aus drei Teilen – somit benötige ich 3 × 2,80 m. Ich habe mich dafür entschieden, dass meine Bettschlange dreifarbig wird, somit muss jede Farbe auf 2,80 m Länge kommen. Für die Breite des Streifens nehme ich 30 cm. Solltest du eine dünnere Bettschlange haben wollen, kannst du auch eine Breite von 25 oder 22 cm wählen. Bei einer Breite von 22 cm würde ich empfehlen, die Bettschlange nicht zu lang zu machen, da es mit dem Wenden und Stopfen etwas schwierig werden könnte.

Um Stoff zu sparen, schneide ich zunächst meine gewählte Breite von 30 cm der kompletten Breite des Stoffes entlang ab und dann direkt nochmal einen 30 cm breiten Streifen. Die Breite meines Stoffes beträgt 140 cm. Wenn ich also meine beiden 30 cm breiten Streifen an der kurzen Seite zusammennähe, erhalte ich die benötigte Länge von 280 cm.

Auf diese Weise fertige ich alle drei Farben an. Somit habe ich einen Stoffverbrauch von jeweils 60 cm pro Farbe.

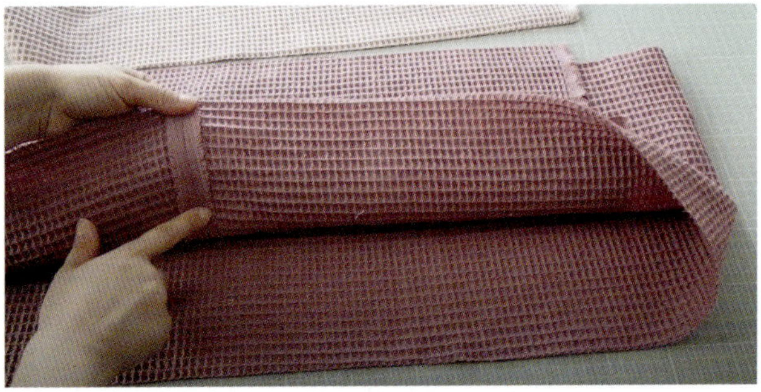

Nun habe ich 3 lange Streifen in jeweils 280 cm. Jetzt werden die drei Farben miteinander verbunden, damit ein einziger, langer Streifen entsteht. Dazu lege ich zunächst zwei Farben rechts auf rechts an der kurzen Seite zusammen, stecke es ab und steppe es mit einem Geradstich und einer Nahtzugabe von 1 cm zusammen.

Danach lege ich das dritte Stück ebenfalls an der kurzen Seite rechts auf rechts und steppe es ab.

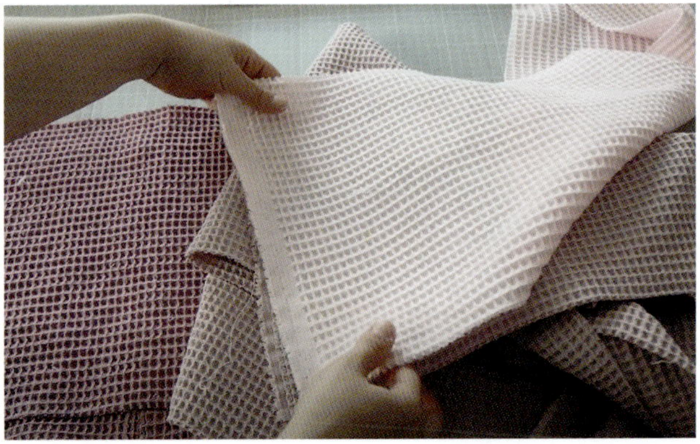

Jetzt wird der kompletten Länge entlang die Schlange abgesteppt. Dazu lege den Stoff rechts auf rechts zusammen und achte darauf, dass die Nahtzugaben auseinander liegen und die Nähte exakt aufeinandertreffen. Stecke es ab und steppe die lange, offene Seite mit einem Geradstich und einer Nahtzugabe von 1 cm ab. Die Nahtzugaben versäubere ich mit meiner Overlock. Falls du keine Overlock besitzt, kannst du die Nahtzugabe mit einem Zickzackstich versäubern.

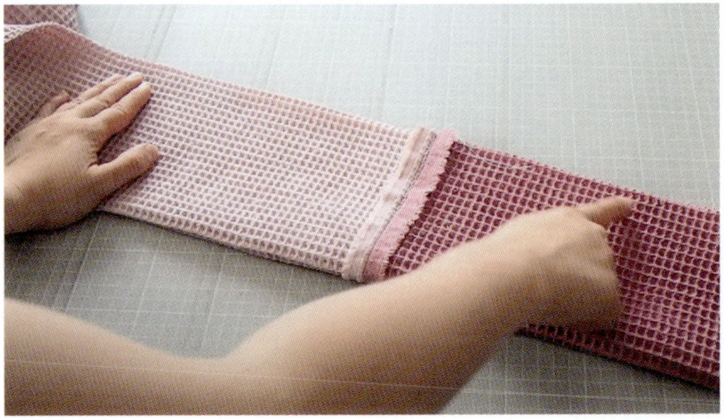

Als Nächstes wende ich den langen Schlauch auf rechts.

Nun wird der lange Schlauch mit Füllwatte gefüllt. Dies mache ich in zwei Schritten – zuerst von der einen offenen Seite von der Mitte aus füllen und danach von der anderen offenen Seite von der Mitte nach außen hin füllen. Hierzu nehme ich zwei Rohre zu Hilfe. Ein Rohr hat einen Durchmesser von 5 cm, das andere einen Durchmesser von 4 cm.

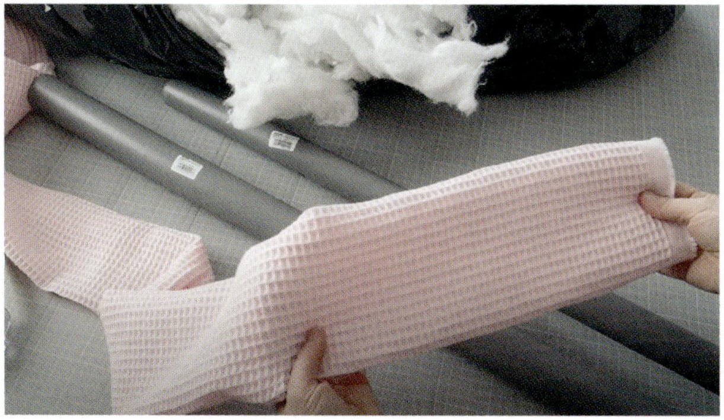

Ich schiebe jetzt von der einen offenen Seite das Rohr bis zur Mitte des genähten Schlauchs rein und stopfe Watte in das größere Rohr. Mit dem zweiten, dünneren Rohr schiebe ich die Watte in den Schlauch. Diesen Vorgang wiederhole ich so lange, bis ich am Ende angekommen bin und die Bettschlange schön prall gefüllt ist. Danach drehe ich den Schlauch um und fülle die zweite Hälfte des Schlauches auf die gleiche Weise.

Sobald der Schlauch gefüllt ist, schließe ich die Öffnung. Dafür nähe ich von Hand mit einem Heftstich komplett rundherum und ziehe am Schluss an dem Garn. Dabei schiebe ich die Stoffkante nach innen ein und vernähe das Ende.

Im letzten Schritt wird der große Schlauch zu einem Zopf geflochten. Hierfür lege ich die Bettschlange flach hin bis zum Übergang zur zweiten Farbe. Die zweite Farbe knicke ich ab und lege sie nach unten hin bis zum Übergang zu der dritten Farbe. Die dritte Farbe knicke ich ebenfalls ab und lege sie wieder nach oben hin – und zwar zwischen die anderen beiden Farben.

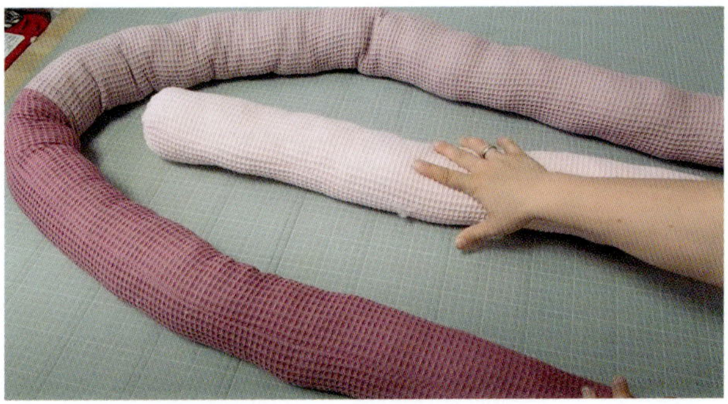

Nun wird der Zopf geflochten. Ich nehme die rechte Seite des Zopfes und lege sie über die Mitte nach links über, danach die linke Seite über die Mitte nach rechts rüber usw. Am Ende angekommen, fixiere ich das Endstück mit einigen Handstichen, damit der Zopf nicht aufgeht.

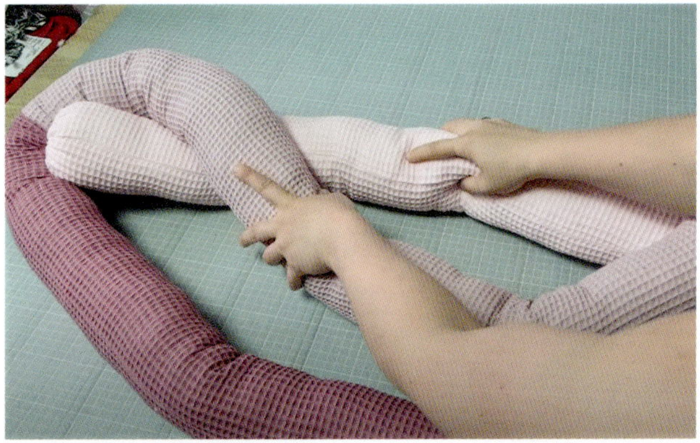

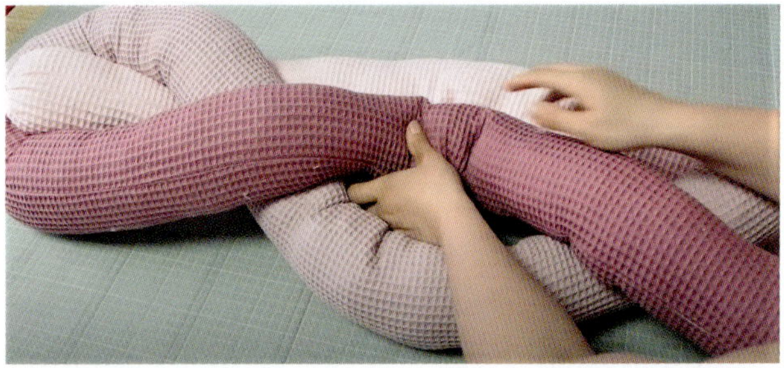

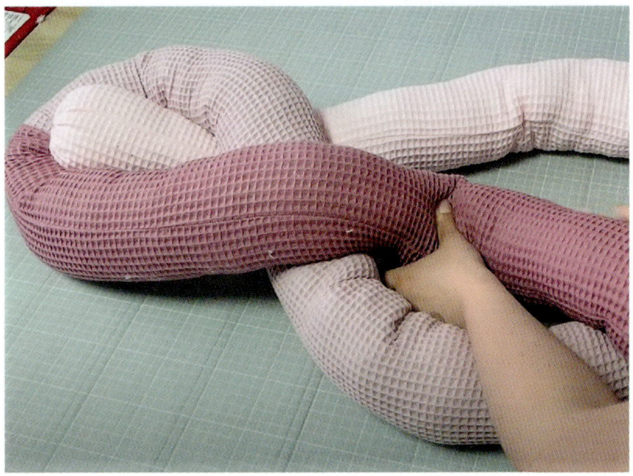

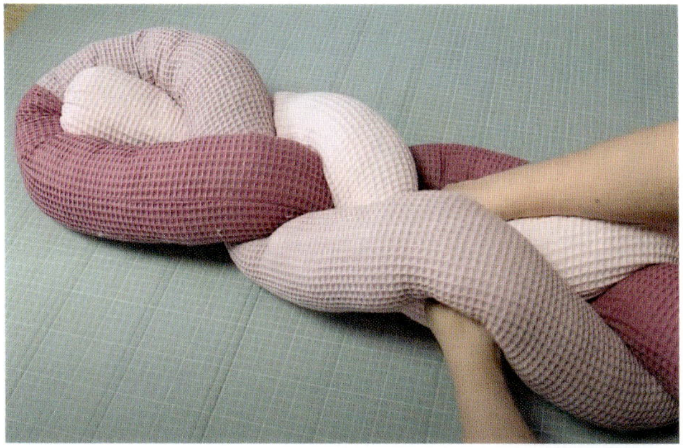

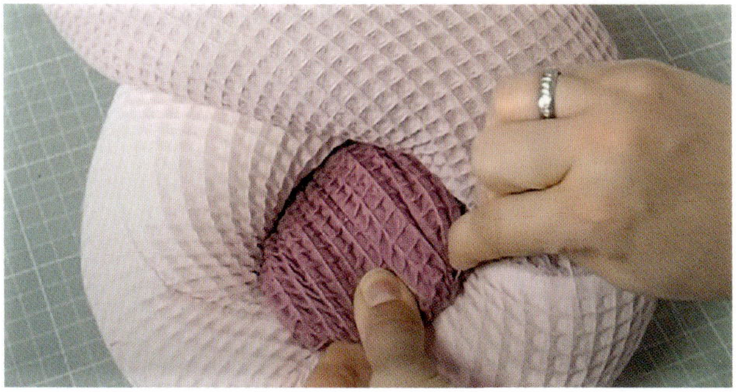

Klasse, du hast es geschafft!

Schaue dir gerne die Video-Nähanleitung dazu an:

3.7 Nähprojekt 9 – Geschenkidee Babyhandtuch mit Kapuze

In dieser Nähanleitung zeige ich dir, wie du in 10 Schritten ein Schrägband korrekt und um die Ecke annähen kannst …

Aber kommen wir zunächst zu der Geschenkidee …

Ein Babyhandtuch benötigt jede frisch gebackene Mama und über ein Handmade-Babyhandtuch ist die Freude meist noch viel größer! Das Babyhandtuch mit Kapuze kannst du zur Babyparty, zur Geburt, zur Taufe oder zu Weihnachten verschenken. Das Handtuch ist recht einfach genäht. Du benötigst einen Frotteestoff oder einen Waffelstoff sowie ein Stück Webware. Das Babyhandtuch kann in einer Sommervariante oder einer Wintervariante genäht werden. Die Wintervariante ist auf der einen Seite mit Frottee und auf der anderen Seite mit einer Baumwolle genäht.

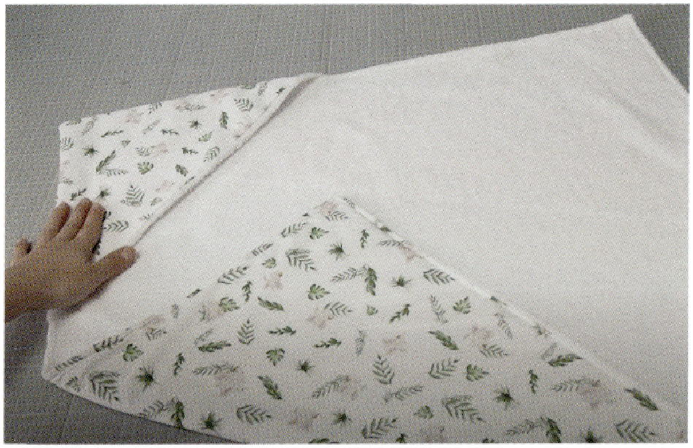

Die Sommervariante ist einlagig aus einem Frottee genäht und die Außenkante ist mit einem Schrägband versäubert.

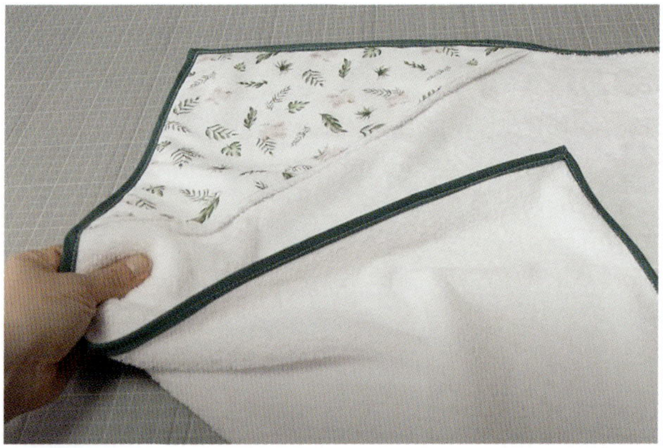

Solltest du dich für die Verarbeitung mit Schrägband entscheiden, benötigst du natürlich noch ein Schrägband.

Ich habe mich entschieden, beide Varianten zu nähen und zu verschenken. Somit hat das Baby je nach Jahreszeit das perfekte Handtuch.

Zunächst schneide ich alle benötigten Schnittteile vor. Der große Zuschnitt aus Frottee ist 75 × 75 cm groß. Ich schneide gleich zwei zu, da ich ja zwei Babyhandtücher nähe. Für die Wintervariante habe ich in der selben Größe auch noch eine Baumwollpopeline zugeschnitten. Für die Kapuze wird jeweils aus dem Frottee und aus der Baumwollpopeline ein Dreieck mit einer Schenkellänge von 35 cm benötigt.

Solltest du auch gleich zwei Babyhandtücher nähen wollen, kannst du ein Quadrat in 35 × 35 cm zuschneiden und quer von einer Ecke zur anderen durchschneiden, dann hast du direkt zwei Dreiecke für zwei Handtücher hergestellt.

Im ersten Schritt wird ein Baumwoll- und ein Frotteedreieck rechts auf rechts aufeinandergelegt und mit einem Geradstich und einer Nahtzugabe von 1 cm abgesteppt.

Nun wird das Dreieck über die gesteppte Seite auf die rechte Seite gelegt und abgebügelt.

Jetzt lege ich das abgebügelte Dreieck in eine Ecke – Frotteestoff auf Frotteestoff – und fixiere es mit einem Geradstich.

Als Nächstes wird die Baumwollpopeline angenäht. Dazu lege ich sie rechts auf rechts auf den Frotteestoff und stecke es rundherum an. An einer beliebigen Stelle muss eine Wendeöffnung von ca. 10–15 cm freigelassen werden.

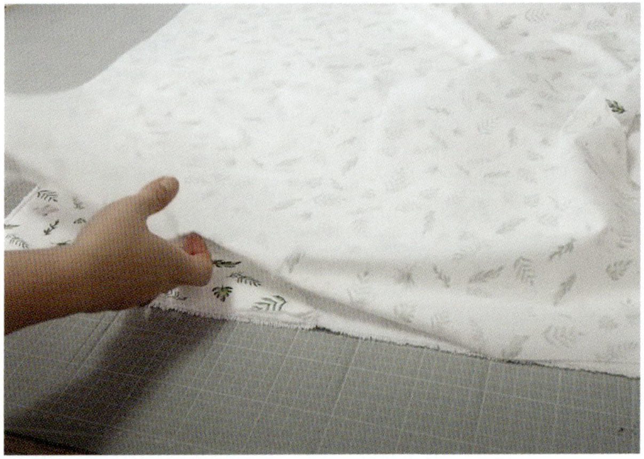

Nach dem Wenden forme ich alle Ecken schön aus und bügele das komplette Handtuch. Zum Schluss steppe ich nochmals rundherum das Handtuch mit einem Geradstich und einer Nahtzugabe von ca. 5–7 mm ab, dabei lasse ich die Kapuze aus. Die Wendeöffnung wird in diesem Arbeitsschritt auch automatisch geschlossen.

Für die Sommervariante bereite ich ebenfalls das Dreieck für die Kapuze vor – genauso wie auch bei der Wintervariante – und fixiere sie mit einem Geradstich an einer Ecke.

Im letzten Schritt wird die Außenkante mit einem Schrägband eingefasst. Dafür habe ich mir ein Schrägband aufgeklappt und lege es an die zu versäubernde Kante.

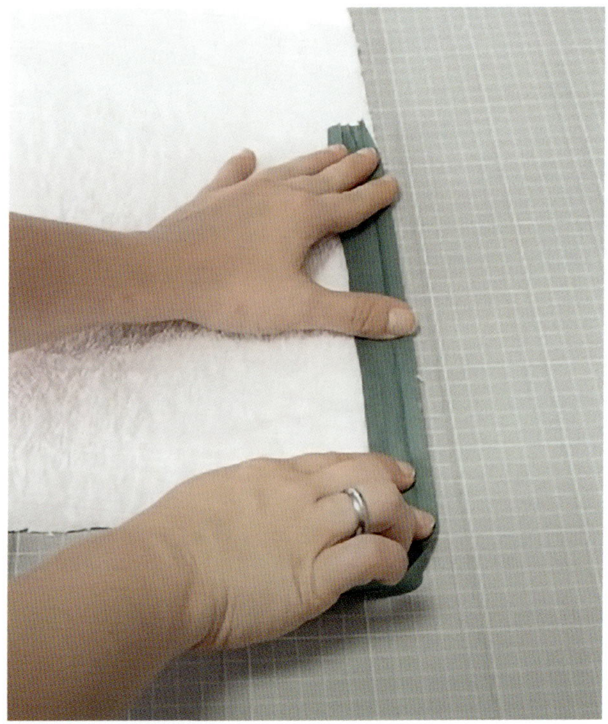

Ich steppe mit einem Geradstich und einer Nahtzugabe, die das Schrägband hat. Das heißt, ich steppe exakt in den vorgebügelten Falz des Schrägbandes. Sobald ich auf die Ecke des Handtuchs zukomme, markiere ich mir die Nahtzugabe von der Ecke ausgesehen, mit der ich gesteppt habe, und steppe exakt bis zu diesem Punkt. Hier muss die Naht verriegelt und die Nadel herausgenommen werden.

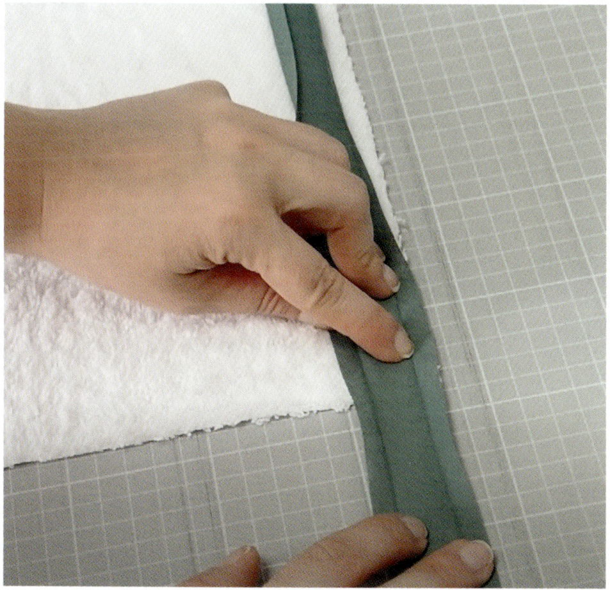

Nun wird das Schrägband im 90°-Winkel nach oben umgeschlagen, sodass es exakt in der Spitze des Handtuchs liegt. Siehe Bild.

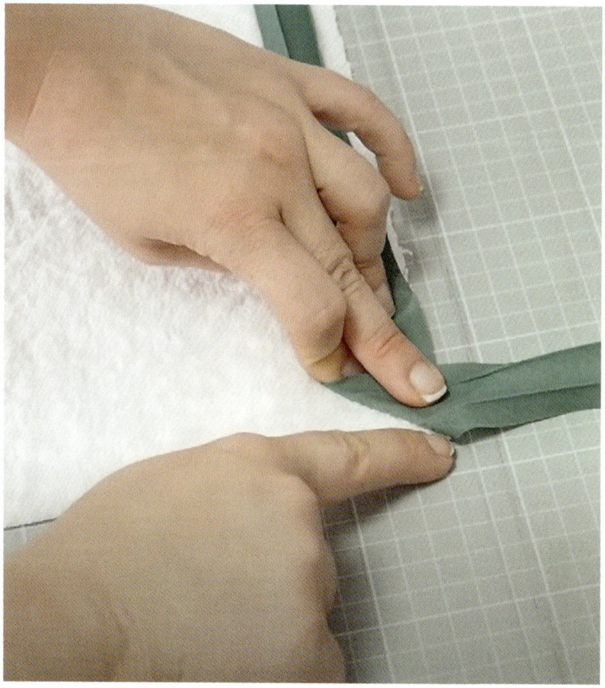

Im selben Zug wird das Schrägband auf die nächste offene Kante nach unten umgeschlagen. Achte darauf, dass das Schrägband nicht aus der Ecke rutscht und alle Lagen exakt liegen. Am besten markierst du hier den Startpunkt mit einem Trickmarker. Der Startpunkt befindet sich exakt da, wo du die letzte Steppnaht beendet hast, d. h. eine Nahtzugabe von oben und eine Nahtzugabe von der Seite – in der Falz des Schrägbandes.

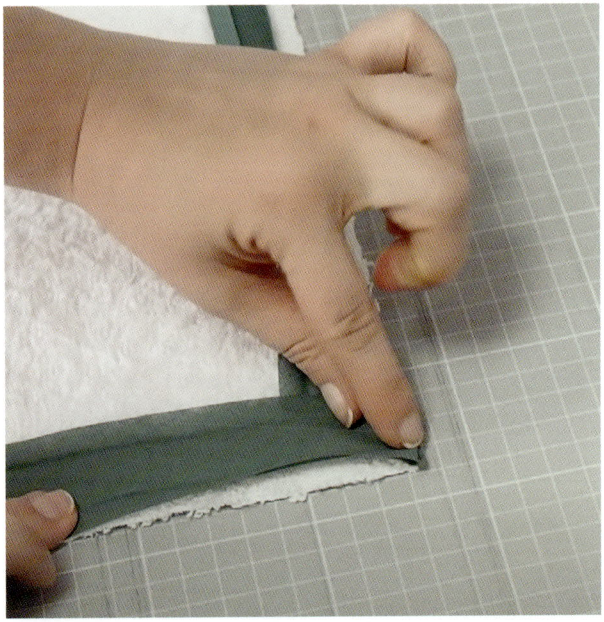

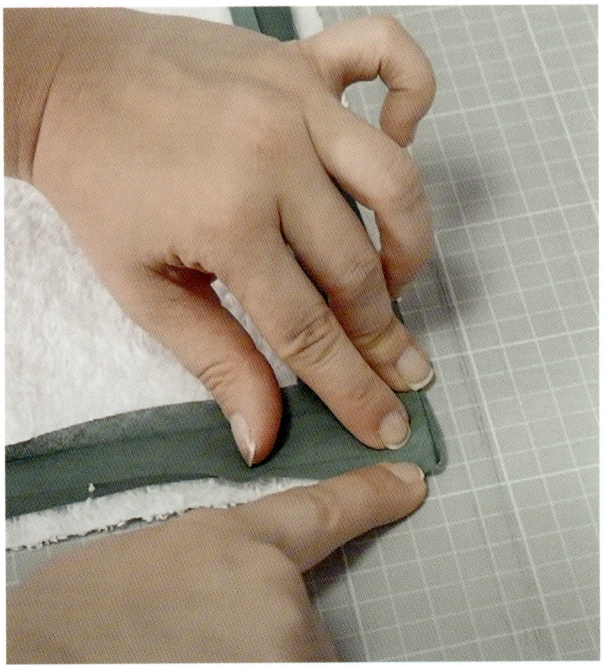

Jetzt zeige ich dir in 10 Schritten das Annähen des Schrägbandes an der Nähmaschine ...

Schritt 1: In der Falz des Schrägbandes steppen

Schritt 2: Endpunkt mit einem Trickmarker markieren

Schritt 3: Schrägband im 90°-Winkel nach oben umschlagen

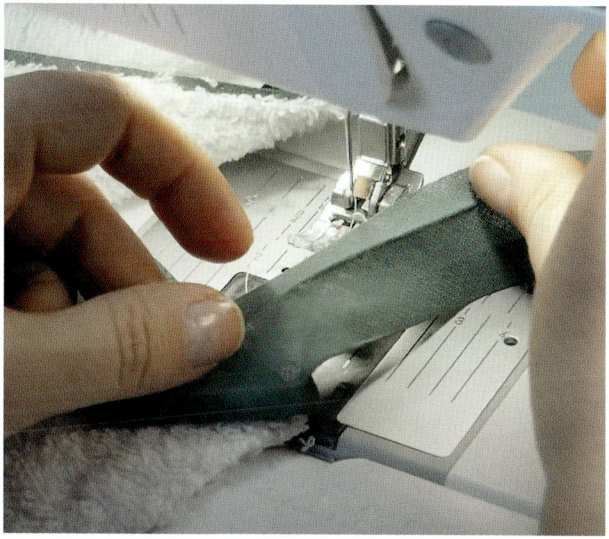

Schritt 4: Schrägband nach unten umschlagen auf die nächste Kante

Schritt 5: Den exakten Startpunkt mit einem Trickmarker markieren

Schritt 6: Die Nadel in den Startpunkt versenken und exakt hier anfangen zu steppen. Nahtanfang und Nahtende mit Vor- und Rückstichen verriegeln

Schritt 7: Das Handtuch auf die andere Seite umdrehen und das Schrägband zur Kante hin umklappen

Schritt 8: Die Ecke formt sich fast von allein aus. Streiche hier mit den Fingern den entstandenen Falz etwas flach.

Schritt 9: Schrägband auf die andere Seite umschlagen und feststecken

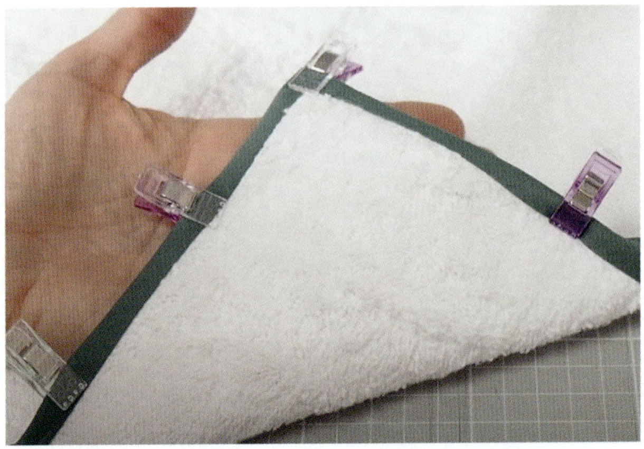

Schritt 10: Schrägband knappkantig rundherum absteppen

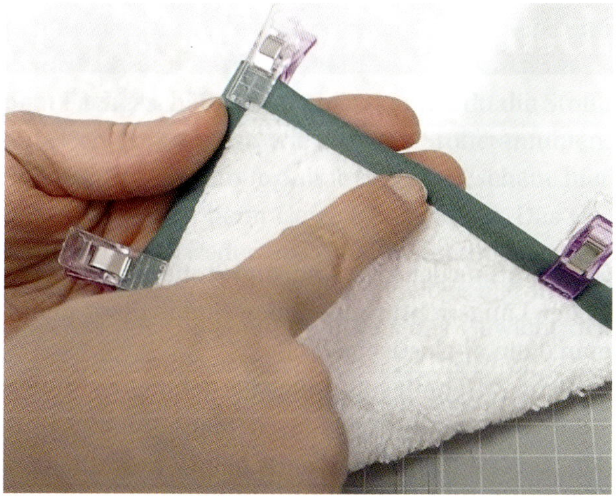

Sollte dir etwas unklar sein, kannst du dir die Video-Nähanleitung hier anschauen:

Die zwei Babyhandtücher sind fertig! Prima!

dann lieber weit geschnittene, weich fallende Oberteile und Blusen wählen.

Wenn du gerne ein etwas figurbetontes Kleid nähen möchtest, würde sich ein **Romanit Jersey** sehr gut eignen. Ein Romanit Jersey ist meist ein Mischgewebe, welches z. B. aus Viskose, Nylon, Polyester oder Elasthan zusammengesetzt sein kann. Ein Romanit Jersey fällt sehr schön, hat einen gewissen Stand und hat tolle formende Eigenschaften. Er wird sehr gerne für Bekleidung verwendet, die Problemzonen geschickt kaschiert. Etuikleider, Hosen und Businessröcke lassen sich aus dem Romanit Jersey sehr gut nähen.

Jacquard Stoffe sind ebenfalls Strickstoffe und können verschiedene Zusammensetzungen haben. Sollte dein Jacquard Stoff einen Elasthananteil haben, dann ist er für figurnahe Kleidung gut geeignet. Hat der Jacquard Stoff keinen Elasthananteil, ist er eher für weitsitzende Kleidung geeignet wie Cardigans, Hoodies oder Strickjacken. Jacquard Stoffe sind dickere und somit auch wärmende Stoffe, die für die kältere Jahreszeit genommen werden.

Ein **Rip Jersey** ist der sogenannte Bündchenstoff, den man gerne für die Saumabschlüsse an den Ärmeln, am Saum und am Halsausschnitt nimmt. Beim Rip Jersey kann man zwischen einer glatten und einer gerippten Oberfläche wählen. Die Eigenschaften sind bei beiden Varianten gleich – hier unterscheidet sich nur die Optik. Rip Jersey wird in der Regel im Schlauch hergestellt und verkauft. Der Rip Jersey kann auch für körpernahe Kleidung verwendet werden wie z. B. Damentops oder figurnahe Kleider. Durch seinen hohen Elasthananteil behält er gut seine Ursprungsform und leiert nicht aus.

Sweat Stoffe sind ebenfalls Strickstoffe und sind in verschiedenen Zusammensetzungen und Gewichtsklassen zu finden. Es gibt Sommer- und Wintersweatstoffe, die – wie der Name schon verrät – für Sommer- oder für Winterkleidung geeignet sind. Sommersweatstoffe haben auf der linken Seite eine Schlingenstruktur und sind leichter und dünner. Wintersweatstoffe dagegen sind dicker und schwerer und haben meist eine angeraute Innenseite. Angeraut heißt in diesem Fall, die Innenseite ist kuschelig weich und fühlt sich gerade im Winter sehr angenehm und wärmend an. Achte bitte bei Sweatstoffen unbedingt auf die Zusammensetzung, da es sehr dicke und nicht dehnbare Sweatstoffe gibt.

Nun hast du einen groben Überblick zu den gängigsten dehnbaren Stoffen erhalten. Jetzt erkläre ich dir, worauf du beim Nähen von solchen Stoffen achten musst, welche Stiche angewendet werden und was noch so wichtig ist.

4.2 Das Nähen von dehnbaren Stoffen

An erster Stelle ist die richtige Wahl der Nadel wichtig. Nimm für Jerseystoffe unbedingt eine Jerseynadel. Die Jerseynadel hat einen abgerundeten Kopf und schiebt damit die Maschen auseinander, statt sie zu durchstechen. Die Stärke der Nadel richtet sich nach dem Stoff. Hast du z. B. einen relativ dünnen Single Jersey, eignet sich hier eine 70er-Nadel. Einen Jacquardstoff kannst du beispielsweise mit der Stärke 80 nähen, für einen sehr dicken Sweatstoff dagegen würde ich dir eine 90er-Jerseynadel empfehlen.

Stretch- und Super-Stretch-Nadeln verwendet man für hochelastische Stoffe wie z. B. Viskose Jersey, Seiden Jersey, Badelycra, Strickstoffe oder Nickistoffe.

Eine Zwillings-Jerseynadel im Nadelsortiment zu haben, wäre auch sehr empfehlenswert. Mit einer Zwillingsnadel lassen sich nämlich Saumabschlüsse sehr gut verarbeiten – ohne eine Coverlock-Maschine zu haben.

Elastische Stoffe nähst du am besten mit einem elastischen Stich. Solltest du eine ganz einfache Nähmaschine haben, die nur einen Zickzackstich nähen kann, ist es überhaupt nicht schlimm. Nimm beim Zusammennähen deiner Schnittteile einen Zickzackstich und stelle dir eine Stichbreite von 3 bis 5 mm ein. Eine Stichlänge von 1,5 mm würde sich gut eignen, probiere es gerne erst einmal an einem Reststoff aus.

Wenn deine Nähmaschine über eine größere Stichauswahl verfügt, kannst du zum Zusammennähen auch einen dreifach geteilten Zickzackstich, einen dreifach geteilten Geradstich oder einen Fake-Overlockstich (auch Pseudo-Overlockstich genannt) verwenden.

In der Regel nimmt man keinen Geradstich bei dehnbaren Stoffen, da die Naht nicht dehnbar ist und reißen kann. Außer es wird etwas gezielt im gedehnten Zustand angenäht. Es kommt z. B. vor, dass ein Gummiband im gedehnten Zustand mit einem Geradstich angesteppt wird. In diesem Fall ist auch der Geradstich dehnbar.

Probiere gerne deine Stiche ausgiebig aus. Spiele mit den Stichbreiten und Stichlängen, schau wie dehnbar dein Stoff bei den jeweiligen Stichen bleibt. So bekommst du ein Gefühl für deine Nähmaschine und natürlich für die dehnbaren Stoffe.

Wichtig: Nicht ziehen und nicht dehnen beim Nähen, sondern die Nähmaschine nähen lassen, so beugst du unerwünschten Wellen vor. Sollten trotzdem starke Wellen entstehen, kannst du den Füßchendruck verringern: Dies löst meistens dieses Problem.

Nun war das sehr viel Theorie, nähen wir ein paar Accessoires zusammen!

4.3 Nähprojekt 10 – Bandeau mit zwei Nähten

Für das Bandeau eignen sich alle dehnbaren Stoffe. Ich verwende sehr gerne Stoffreste, da man für das Projekt nicht viel Stoff braucht. Das Bandeau ist mit zwei Nähten sehr schnell genäht, daher nähe ich fast zu jedem Kinderoutfit aus den Stoffresten ein passendes Bandeau dazu.

Da jeder Stoff seine eigene Dehnbarkeit hat, ist es sinnvoll, den Dehnbarkeitsfaktor des Stoffes auszurechnen, bevor man das Bandeau näht.

Dazu legst du ein Lineal vor dich hin und nimmst exakt 10 cm deines gewählten Stoffes in die Hand. Nun legst du es am Lineal an und dehnst deinen Stoff bis zu einem angenehmen Punkt, wo du denkst, das fühlt sich gut an und ist nicht überdehnt.

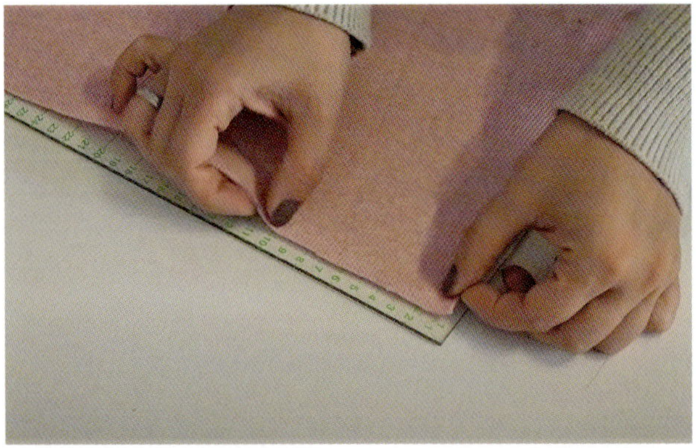

Mein Bündchenstoff lässt sich von 10 cm sehr gut auf 12 cm dehnen. Jetzt berechne ich meinen Dehnbarkeitsfaktor. Dazu rechne ich: 10 / 12 = 0,833.

Mein Dehnbarkeitsfaktor ist somit 0,83. Nun kann ich meinen Stoffzuschnitt berechnen. Dazu benötige ich meinen Kopfumfang, dieser ist 52 cm. Rechnung: (52 cm × 0,83) + 2 cm Nahtzugaben = 45,16 cm. Ich runde das Ergebnis auf 45 cm ab.

Um die Breite des Bandeaus zu berechnen, benötigst du die gewünschte Breite im Endergebnis. Für mich habe ich 8 cm im Endprodukt festgelegt. Die 8 cm rechne ich mal 2 und gebe ebenfalls noch 2 cm Nahtzugaben dazu. Das heißt (8 × 2) + 2 cm NZ = 18 cm.

Somit ist mein Stoffzuschnitt 45 cm × 18 cm.

Für kleinere Kinder und Babys würden 5–6 cm im Endprodukt reichen.

Wichtig: Achte darauf, dass der Wert vom Kopfumfang auf der dehnbaren Seite deines Stoffes ausgemessen wird.

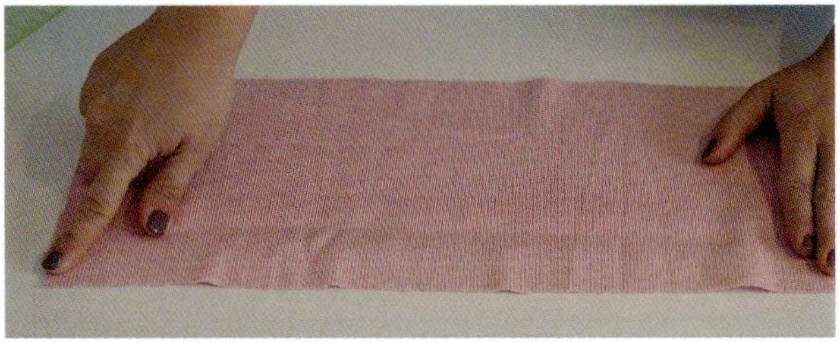

Im nächsten Schritt wird die lange Seite rechts auf rechts in Bruch gelegt, gesteckt und mit einem elastischen Stich abgesteppt.

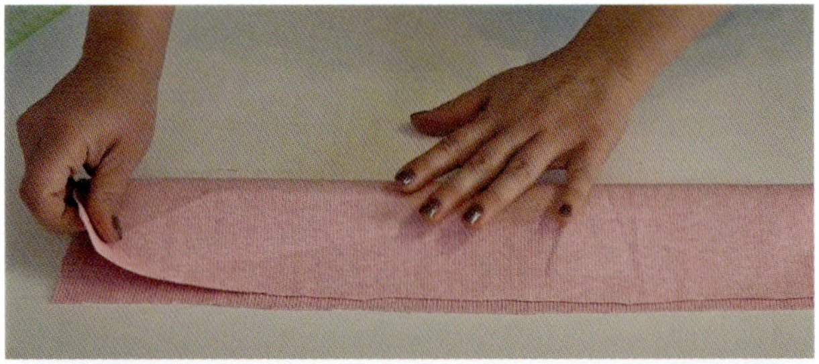

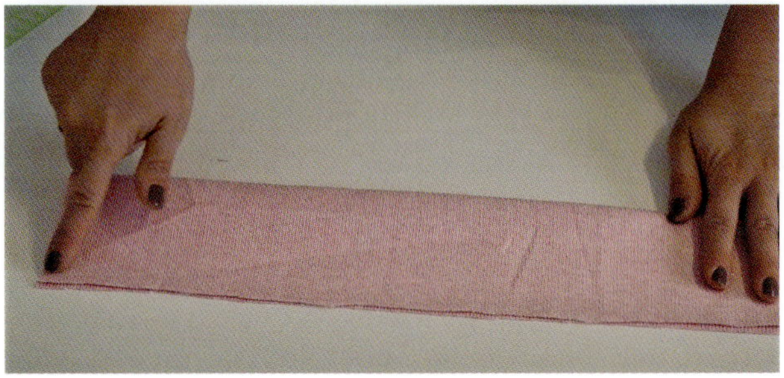

Als Nächstes wird der genähte Schlauch auf rechts gewendet und die genähte Naht mittig und nach unten schauend hingelegt.

Jetzt aufgepasst ... Ich nehme den Stoff von links und lege es der kompletten Länge entlang in Bruch.

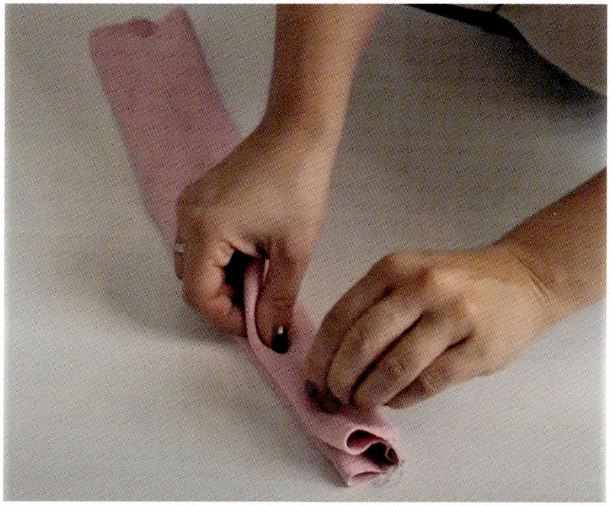

Danach knicke ich das hintere Ende des Stoffes in der Mitte ab und lege es nach oben neben dem anderen Ende ab.

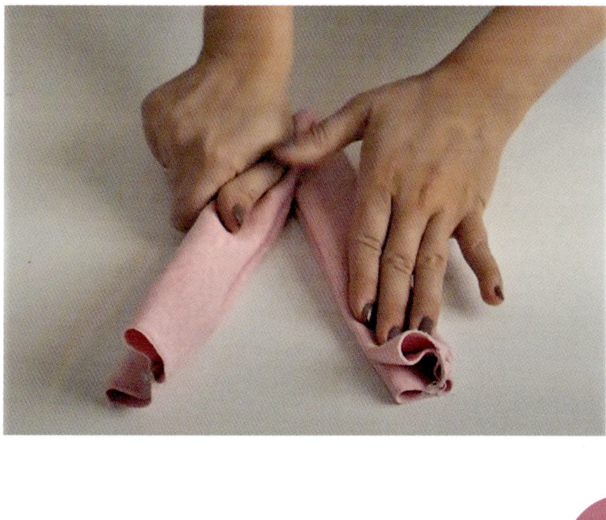

Im selben Zug drehe ich das Ende unten herum um, sodass sich jetzt die beiden Enden anschauen.

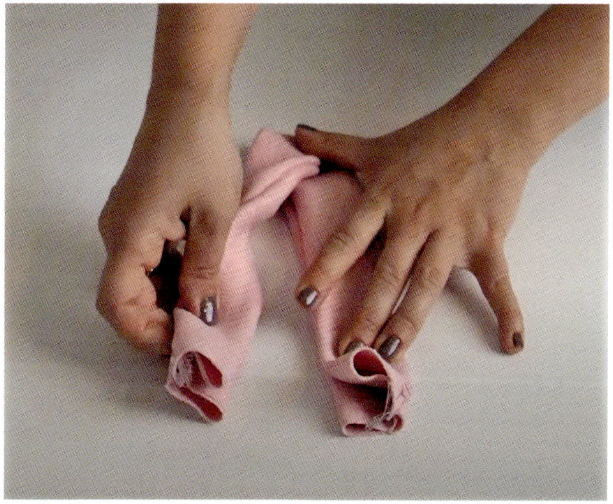

Jetzt lege ich die Enden folgendermaßen zusammen: Mit der linken Hand öffne ich das eine Ende und mit der rechten Hand lege ich die untere Kante vom zweiten Ende bis zur Mitte hin. Nun klappe ich mit der linken Hand den Rest drüber und zum Schluss mit der rechten Hand das letzte Stück oben drauf. Die Endstücke liegen ineinander gefaltet zusammen.

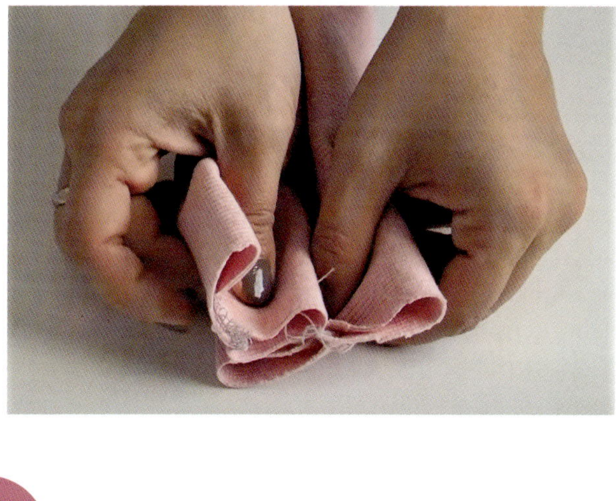

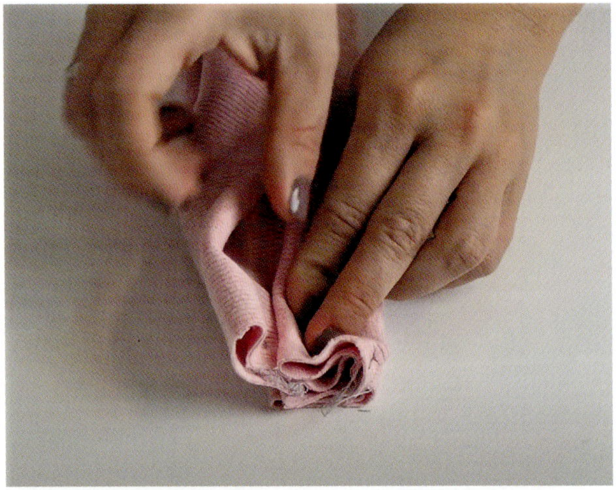

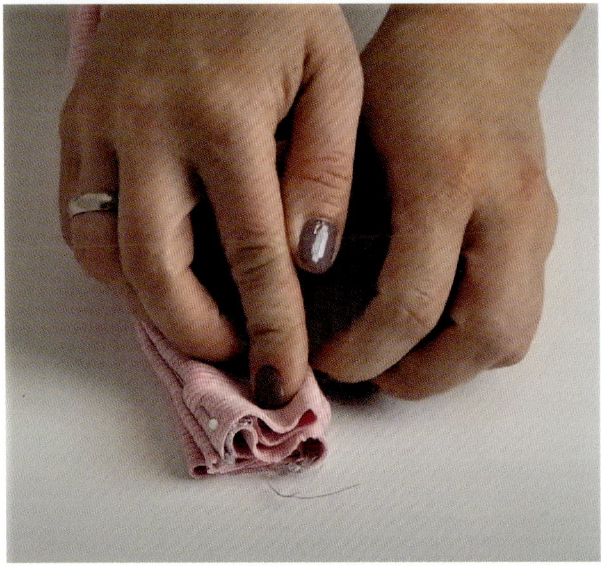

Wichtig ist, dass man die Reihenfolge dieser Schritte korrekt durchführt, um den angedeuteten Knoten im Stirnband richtig abzubilden. Solltest du unsicher sein, stecke die zusammengelegten Enden mit zwei Klammern fest und drehe dein Bandeau um, um zu überprüfen, ob alles richtig ist.

Im letzten Schritt steppe ich diese vier Lagen mit einem Zickzackstich ab.

Jetzt wird nur noch die Nahtzugabe etwas zurückgeschnitten und das Bandeau auf rechts gedreht.

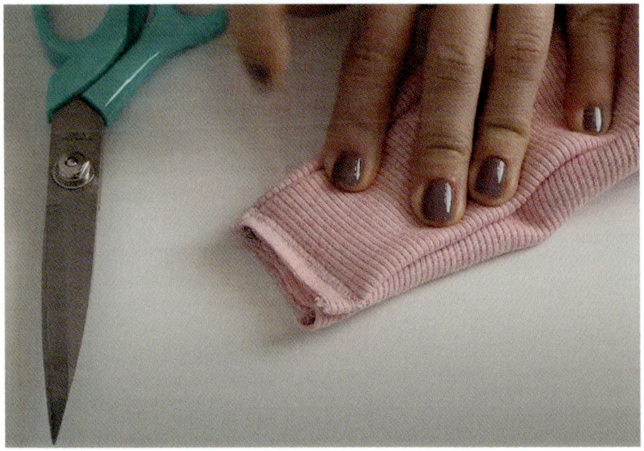

Glückwunsch, du hast dein erstes Projekt mit einem dehnbaren Stoff geschafft!

Tipp: Wenn du möchtest, kannst du die Naht, die auf der linken Seite des Bandeaus liegt, mit einigen Stichen fixieren, sodass sie beim Verrutschen des Bandeaus nicht zu sehen ist.

Solltest du bei der Falttechnik Schwierigkeiten haben, schaue gerne in der Video-Nähanleitung nochmal genauer hin ...

4.4 Nähprojekt 11 – Loop-Schal

Ein Loop-Schal ist für Groß und Klein super praktisch, sobald die Tage etwas frischer werden. Du kannst einen Loop aus allen dehnbaren Stoffen nähen. Ob Jersey, Strickstoff, Jacquard oder Sweat – alle Stoffe können hier verwendet werden.

Ich habe mich entschieden, den Loop zweifarbig zu nähen.

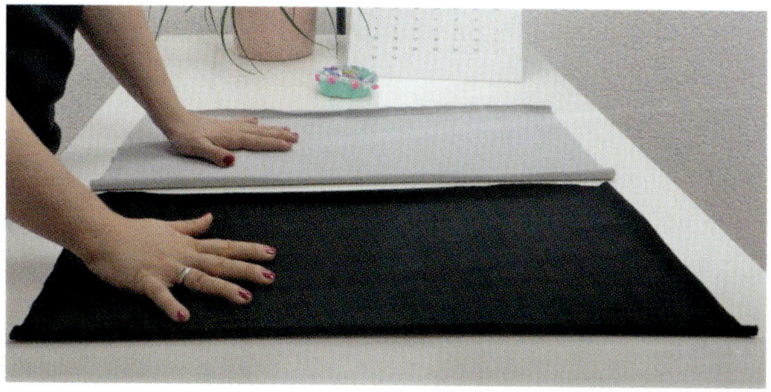

Beachte hier unbedingt den Fadenlauf. In Richtung Fadenlauf wird die Höhe des Loop-Schals ausgemessen. Für Erwachsene sind 30 cm und für Kinder 25 cm passend. Du kannst die Höhe natürlich auch etwas länger wählen und die Breite ebenfalls, als es hier angegeben ist, dann erhältst du einen voluminöseren Loop. Achte auch darauf, wie stark sich dein Stoff dehnen lässt. Reicht es dir von der Dehnbarkeit, wenn du exakt deinen Kopfumfang nimmst oder musst du vielleicht einige Zentimeter hinzufügen?

Lege gerne deinen ausgewählten Stoff um deinen Kopf herum und teste, wie gut er sich dehnen lässt und welches Maß sich für deinen Loop angenehm anfühlt.

An der dehnbaren Seite meines Stoffes messe ich meinen Kopfumfang mit 52 cm aus und füge 2 cm Nahtzugaben hinzu.

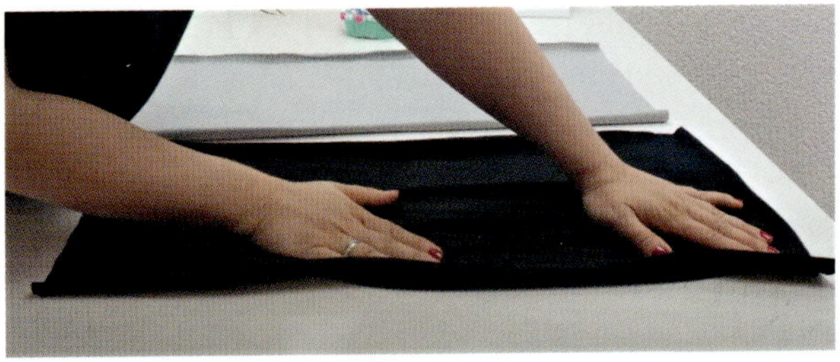

Mit diesem Maß sitzt mein Loop nah am Hals und kann gut an- und ausgezogen werden. Wie gesagt, du kannst hier gerne ein größeres Maß auswählen, dann sitzt der Loop lockerer um den Hals.

Meine beiden Zuschnitte sind 30 × 54 cm groß. Ich lege nun die Zuschnitte rechts auf rechts aufeinander und stecke die beiden langen Seiten mit Klammern fest.

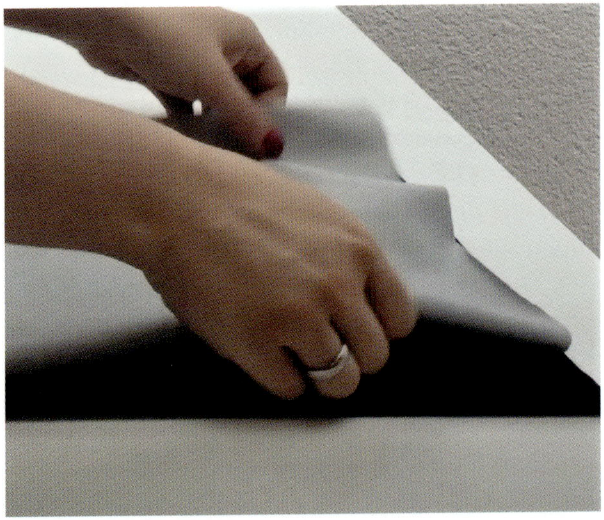

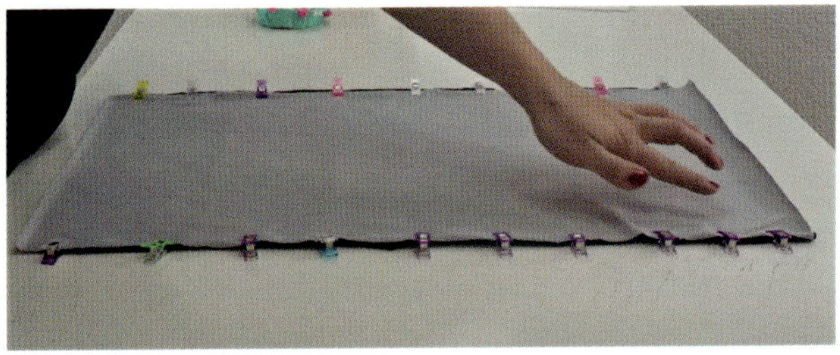

Nun werden diese beiden Seiten mit einem elastischen Stich an der Nähmaschine abgesteppt. Welche Stiche sich für einen Jerseystoff eignen, habe ich am Anfang dieses Kapitels beschrieben. Wähle einen aus, der dir am besten zusagt und den deine Nähmaschine ohne Mühe steppen kann.

Im nächsten Schritt wende ich das Nähstück auf rechts. Nun fasse ich die beiden Enden genau da an, wo die beiden Farben aufeinandertreffen und lege sie rechts auf rechts zusammen. Dabei lege ich die Nahtzugaben auseinander. Hier kann gerne eine Klammer gesteckt werden, sodass der Stoff nicht verrutscht.

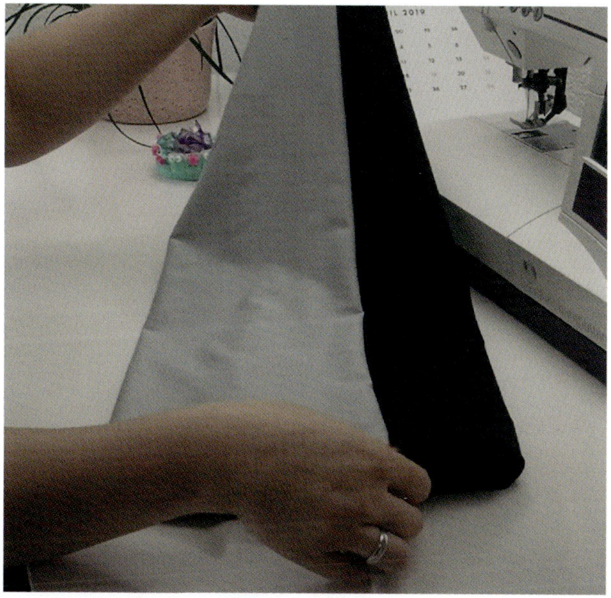

Ich lege die Seiten im Nähvorgang zusammen. Dafür steppe ich einige Zentimeter, halte an, lasse die Nadel im Stoff, lege die Kanten weiter rechts auf rechts zusammen und steppe weiter.

An der zusammengefügten Seite fange ich an zu steppen – ohne den kompletten Loop festzustecken.

Die Naht steppe ich nicht bis zum Schluss durch, sondern höre ca. 10 cm vor Nahtanfang auf und verriegle die Naht. Die offenen 10 Zentimeter dienen mir als Wendeöffnung.

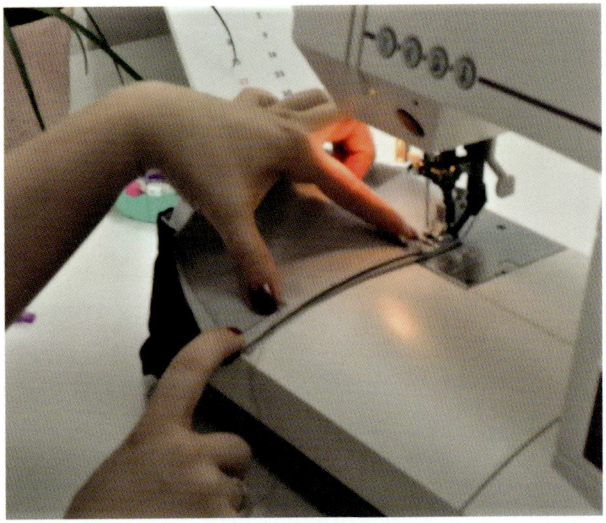

Im letzten Schritt wird die Wendeöffnung mit einem Matratzenstich von Hand oder mit einem knappkantig gesteppten Geradstich an der Nähmaschine geschlossen.

4.5 Nähprojekt 12 – Doppelseitige Beanie-Mütze

Dies ist ein sehr beliebtes Anfängerprojekt – und fast schon ein Muss für jeden, der sich mit dehnbaren Stoffen vertraut macht.

Für die Beanie-Mütze eignen sich am besten Jersey Stoffe aller Art. Ich finde zweifarbige Mützen ganz toll, diese kann man je nach Lust und Laune oder passend zum Outfit auf die Seite drehen, die im Moment besser passt.

Hast du dich für zwei Stoffe entschieden, so schneidest du zwei Rechtecke zu – und zwar in der Höhe für Kinder 25 cm und für Erwachsene 30 cm. In der Breite (dehnbare Seite) ist es der Kopfumfang plus 2 cm Nahtzugaben. Sollte dein Stoff stark dehnbar sein, dann brauchst du keine Nahtzugabe zugeben und nimmst einfach nur das Maß vom Kopfumfang.

Als Nächstes legst du die Stoffe rechts auf rechts aufeinander, steckst eine lange Seite zusammen und steppst diese mit einem elastischen Stich ab.

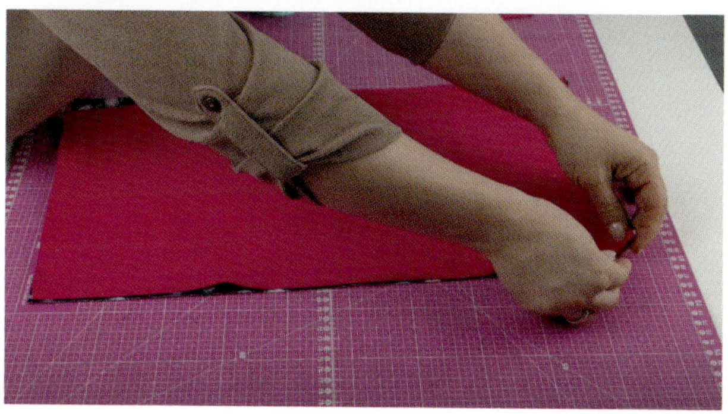

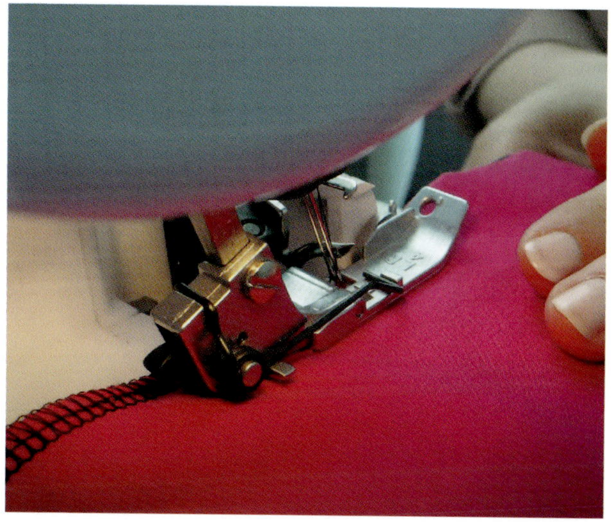

Der Stoff bleibt rechts auf rechts sowie abgesteppt und wird einmal in Bruch gelegt. Der entstandene Bruch wird nochmals in Bruch gelegt.

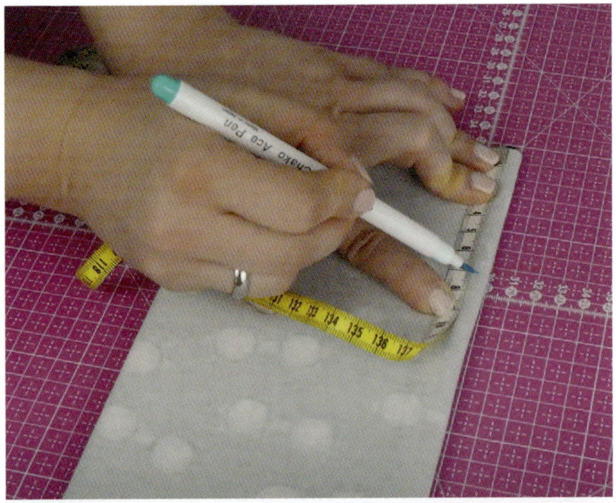

Jetzt wird die Rundung eingezeichnet. Dazu nimmst du die obere offene Seite und misst am Bruch entlang 7 cm für Kinder (bei Erwachsenen 9–10 cm) herunter und markierst dir diesen Punkt. Das gleiche Maß wird auf der gegenüberliegenden Seite abgemessen und markiert. Im nächsten Schritt wird die Mitte der oberen offenen Kante markiert.

Nun können die gesetzten Punkte mit einem Bogen verbunden werden und genau an der gezeichneten Linie entlang abgeschnitten werden.

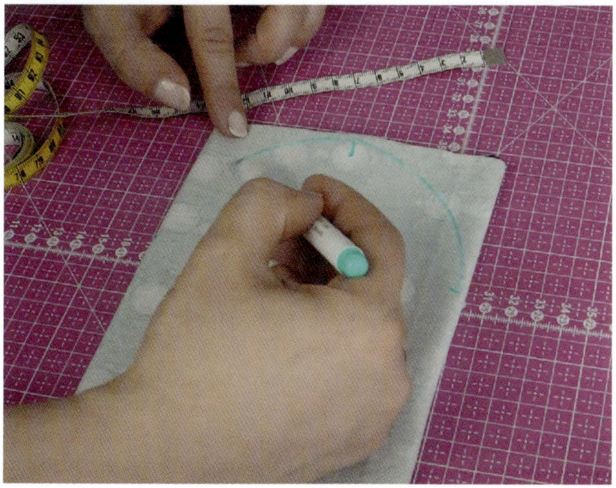

Im nächsten Schritt wird der Stoff komplett aufgeklappt und so in Bruch gelegt, dass jeweils die gleichen Farben rechts auf rechts aufeinanderliegen.

Jetzt wird die eine lange, offene Seite abgesteppt – und zwar von der oberen Spitze aus bis zur unteren Spitze hin. Auf einer der beiden Farben muss eine kleine Wendeöffnung freigelassen werden.

Das V in der Mitte bleibt offen. Die beiden kurzen offenen Seiten vom Bruch zur Spitze werden ebenfalls abgesteppt (siehe Bilder). Das V in der Mitte bleibt oben und unten jeweils offen.

So sollte nun dein Nähstück ausschauen.

Zum Schluss wird das V in der Mitte aufgeschlagen und so zusammengelegt, dass die gegenüberliegenden Nähte zusammenkommen. Lege hier die Nahtzugaben auseinander – eine rechts, eine links – und stecke ein Klammer. Jetzt kann der Bogen auf beiden Seiten abgesteppt werden.

Die Beanie ist fast fertig … Jetzt nur noch durch die Wendeöffnung auf die rechte Seite wenden und die Wendeöffnung verschließen …

Nun hast du es geschafft! Super!

Wenn du gerne auch eine Applikation auf deiner Mütze anbringen möchtest, schaue dir gerne die Video-Nähanleitung dazu an:

Kapitel 5
Nähen ohne Schnittmuster – Nähen mit den eigenen Körpermaßen

5.1 Warum ist Maßnehmen wichtig?

In diesem Kapitel geht es um das Nähen ohne Schnittmuster und das Nähen mit den eigenen Körpermaßen. Hier erfährst du, wie du selbst eine Bluse nach deinen eigenen Maßen kreieren kannst – ohne ein fertiges Schnittmuster zu kaufen. Damit deine genähte Kleidung aber auch gut passt, ist das richtige Maßnehmen am Körper sehr wichtig.

In meinem Mini-Onlinekurs erkläre ich anhand eines Models Schritt für Schritt und ganz genau, wie das richtige Maßnehmen am Körper funktioniert. Ich zeige dir auf, wo man genauer hinschauen sollte und was wichtig ist. Hier geht es zum Onlinekurs: www.annasnähschule.de

Das richtige Maßnehmen ist aber nicht nur dann wichtig, wenn du ohne Schnittmuster nähst, sondern auch, wenn du mit einem fertigen Schnittmuster nähst. Bestimmt hast du es beim Shoppen schon gemerkt, dass du bei einem Hersteller beispielsweise eine Hosengröße in 38 brauchst, bei einem anderen jedoch die Größe 40. Dies liegt daran, dass jeder Hersteller von Bekleidung oder auch von Schnittmustern seine eigene Maßtabelle verwendet.

In Deutschland und ebenfalls in Europa gibt es in der Bekleidungsindustrie kein einheitliches Maßsystem. Deshalb variieren die Maßtabellen, da jeder Hersteller seine eigenen Maßtabellen hat.

Außerdem unterscheiden sich die Hersteller in den Weitenzugaben. Weitenzugaben sind dazu da, dass man im Kleidungsstück Bewegungsfreiheit hat und es nicht am Körper sitzt wie eine Pelle. Hier hat jeder Hersteller auch seine Vorlieben: Die einen geben mehr Weitenzugaben dazu, die anderen weniger. Und hier kommt es dann auf die eigenen Vorlieben an: Die einen fühlen sich in weiten Blusen sehr wohl, die anderen mögen es etwas enger. Somit entwickelt man auch zu gewissen Herstellern seine Vorlieben.

Wenn du mit deinen eigenen Körpermaßen arbeitest, kannst du deine persönlichen Vorlieben in deinen genähten Kleidungsstücken umsetzen.

Hier kannst du dir kostenlos meine Maßtabelle herunterladen und beliebig oft kopieren, so hast du immer eine leere Maßtabelle vorrätig, wenn du eine neue brauchst.

5.2 Richtig Maßnehmen

Zum Maßnehmen nimmst du dir am besten eine Freundin oder einen Freund zur Hand. Besonders wenn man hier noch nicht so erfahren ist, ist das eine große Hilfe.

Für das Maßnehmen am Körper ist es wichtig, körpernahe Kleidung zu tragen. Wenn man beispielsweise ein Kleid nähen möchte, sollte hier auch schon der passende BH angezogen werden.

Die zu vermessende Person sollte in ihrer natürlichen Körperhaltung stehen und sich nicht versteifen.

Um den ersten Fixpunkt festzusetzen, legst du als Erstes ein Taillenband um die Taille. Nimm hier entweder ein Taillenband oder binde dir eine Kordel um, falls du kein Taillenband hast. Bei manchen Menschen ist die Taille verkürzt und wenn man hier das Band an der schmalsten Stelle anlegt und das Maß so übernimmt, kann es sein, dass das Kleidungsstück später nicht so gut ausschaut. Hier würde ich darauf achten, dass das Taillenband auf Höhe des Ellenbogens bzw. knapp unter dem Rippenbogen liegt. Wenn du diese Stelle optisch nicht sehen kannst, kannst du diese mit der Hand erfühlen. Das ist die Stelle, wo der Rücken ins Hohlkreuz geht. Hier werden später die Taillierungen im Schnitt und auch die Rückenabnäher liegen.

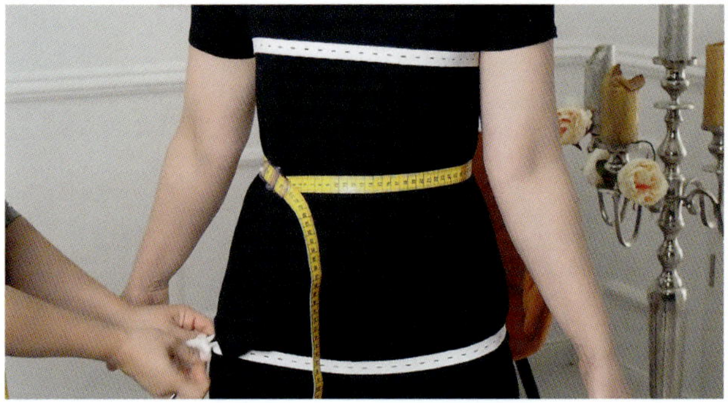

Das zweite Band bindest du dir über den höchsten Punkt der Brust. Und das letzte Band um die Hüfte.

Nun kannst du mit dem Maßnehmen am Oberkörper beginnen:

1. **Halsumfang:** Das Maßband liegt nicht zu fest um den Hals und nicht zu locker an. Man könnte sich hier auch an einer Halskette orientieren. Hinten verläuft das Maßband über den 7. Halswirbel (den man meistens gut ertasten kann) entlang des Schlüsselbeinknochens vor zur Kuhle.
2. **Brustumfang:** Hier ist es wichtig, dass das Maßband richtig angelegt wird und über die Brustpunkte verläuft. Am besten hilft die zu vermessende Person, das Maßband vorne festzuhalten. Man legt das Maßband über die Brust, unter den Armen durch nach hinten. Die zu vermessende Person hält das Maßband am besten in den Achseln etwas fest, damit es nicht rausrutscht. Das Maßband hat hier eine leichte Schräge nach vorne, da die Brust tiefer liegt als die Achselpunkte. Das Maßband sollte locker und nicht zu fest liegen.
3. **Taillenumfang:** Hier hast du ja bereits das Taillenband befestigt und kannst den Wert einfach ablesen oder du legst das Maßband an dieser Stelle waagerecht um und misst den Umfang aus.

4. **Natürlicher Taillenumfang:** Das Maßband wird hinten am Gesäß an die Stelle angelegt, wo die Person üblicherweise die Hose trägt. Bei kräftigen Personen wird das Maßband nach vorne unter die Bauchfalte gelegt. Hier würde der Bund (bei starken Figuren) von allein immer zum Liegen kommen.
5. **Hüftumfang:** Betrachte den Körper am besten erst einmal von der Seite und schaue, wo die stärkste Stelle des Gesäßes ist. An dieser Stelle wird das Maßband waagerecht umgelegt. Hier empfehle ich auch, das Maßband einmal nach unten zu führen, um sicherzugehen, dass es gut über die Hüften gleiten kann.
6. **Rückenlänge:** Das Maßband wird an den 7. Wirbel angelegt und entlang der Wirbelsäule bis zur unteren Kante des Taillenbandes geführt. Prüfe hier nochmals, ob das Taillenband richtig sitzt. Führe den Ellenbogentest durch und streiche mit der Hand über den Rücken und fühle, ob das die richtige Stelle ist. Bei der Rückenlänge ist es besonders wichtig, das Maß richtig abzulesen.
7. **Gesäßlänge:** Hier wird der Abstand zwischen der Unterkante des Taillenbandes und des Hüftbandes ausgemessen. Prüfe nochmals, ob beide Bänder immer noch waagerecht angebracht sind. Wenn du dich im Spiegel von der Seite betrachtest, siehst du das am besten.
8. **Vorderlänge:** Das Maßband wird am 7. Halswirbel angelegt, über den Brustpunkt herunter zum Taillenband geführt. Prüfe nochmals, ob das Band immer noch waagerecht liegt und nicht eventuell verrutscht ist. Zur Kontrolle miss rechts und links nach. Schreibe beide Werte auf. Dies könnte später bei der Schnitterstellung wichtig sein.
9. **Brusttiefe:** Die Brusttiefe wird ebenfalls ab dem 7. Halswirbel um den Hals gelegt und zur Brustmitte geführt. Miss hier ebenfalls beide Seiten aus und schreibe sie auf.
10. **Brustpunktabstand:** Wie das Wort schon sagt, wird hier der Abstand zwischen den Brustpunkten gemessen.
11. **Rückwärtige Schulterbreite:** Als Erstes legt man fest, wo die Armkugel beginnt und die Schulter endet. Nun wird von der einen Seite über den Nacken rüber auf die andere Seite gemessen.
12. **Obere Rückenbreite:** Dies ist ein Kontrollmaß. Hier wird vom Achselpunkt bzw. von den Armansatzfalten über die Schulterblätter rüber zur anderen Seite gemessen.
13. **Armlochtiefe:** Miss hier ab dem 7. Halswirbel entlang der Wirbelsäule bis zur Höhe der Achsel. Stelle dir bildlich eine waagerechte Linie vor oder klebe gegebenenfalls ein Stück Kreppband zur Hilfe auf.
14. **Schultertiefe:** Das Maßband wird am höchsten Punkt der Schulter seitlich am Hals angelegt und bis zum seitlichen Schulterknochen geführt. Hier sollte die Armlochnaht sitzen. Hier ist es ratsam, beide Seiten auszumessen, um einen Mittelwert zu ermitteln. Wenn du eine Halskette trägst, könnte dies eine Hilfestellung sein, um den höchsten Punkt der Schulter zu ermitteln.
15. **Obere Brustbreite:** Hier schauen, wo die Bewegung liegt. Bitte die zu vermessende Person, sich etwas nach vorne zu beugen – hier sieht man die Bewegung dann im Kleidungsstück. Bei locker hängenden Armen wird dann zwischen den vorderen Armansätzen oberhalb der Brust ausgemessen.

16. **Armlänge:** Der Arm wird am Ellenbogen angewinkelt – hier aber nicht über die 45° gehen. Es wird von der Armkugel über die Armaußenkante und die Ellenbogenspitze bis zum Handgelenkknochen gemessen.
17. **Oberarmumfang:** Lege das Maßband an der stärksten Stelle des Oberarms einmal komplett herum und lies den Wert ab. Halte das Maßband locker, sodass ca. zwei Fingerweiten reinpassen und das Ganze nicht zu fest anliegt, sonst wird später der Ärmel zu eng.
18. **Handgelenkumfang:** Lege das Maßband über den Handgelenkknochen einmal rundherum und lies den Wert ab.
19. **Handumfang:** Forme die Hand zu einem Ballen und lege das Maßband um die stärkste Stelle, lies den Wert ab.

Maßnehmen am Unterkörper:

20. **Sitzhöhe:** Setze dich aufrecht auf einen Stuhl. Deine Hilfsperson misst nun ab dem Taillenmaßband bis zur Sitzfläche. Das Taillenband muss waagerecht liegen. Hier ist der Zollstock sehr hilfreich.
21. **Schritthöhe:** Hier stehst du aufrecht, legst dir das Maßband am Innenschenkel in den Schritt und hältst es fest. Deine Hilfsperson führt jetzt das Maßband bis zum Boden herunter und liest den Wert ab.
22. **Oberschenkelumfang:** Lege das Maßband an der stärksten Stelle des Oberschenkels einmal herum und lies das Maß ab.
23. **Knieumfang:** Lege das Maßband einmal um dein Knie herum und lies das Maß ab.
24. **Wadenumfang:** Lege das Maßband an der stärksten Stelle der Wade einmal herum und lies das Maß ab.
25. **Ferse- / Ristumfang und Fesselumfang:** Hebe hierfür die Ferse an und lege zuerst das Maßband um den Knöchel herum, dies ist der Fesselumfang. Lege dann das Maßband über die Ferse und den Fußrücken und lies hier ebenfalls das Maß ab, das ist der Ferse- / Ristenumfang.

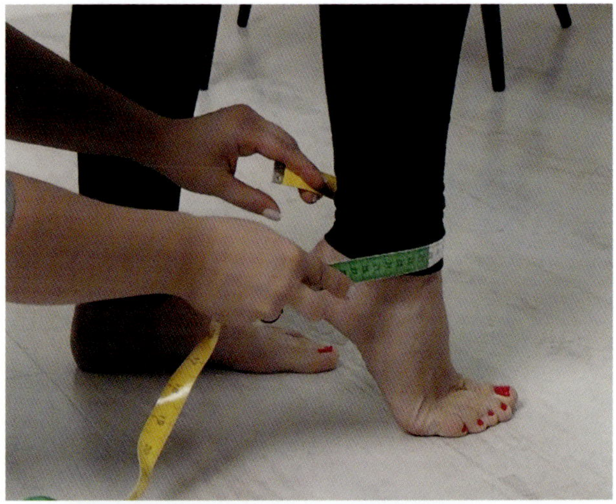

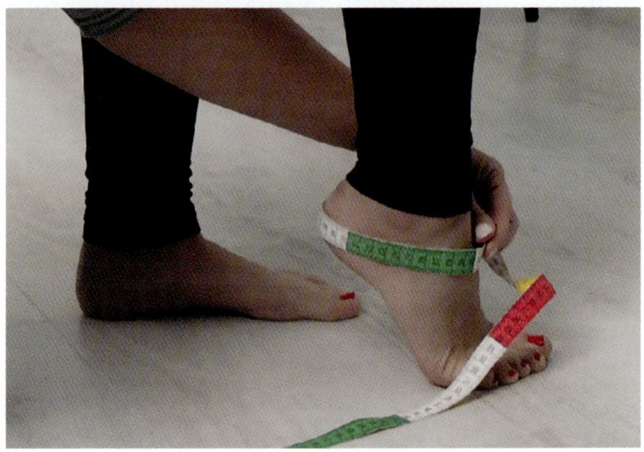

Kommen wir zu deinem ersten Kleidungsstück nach deinen eigenen Körpermaßen ...

5.3 Dein erstes Nähprojekt nach eigenen Körpermaßen

Nähprojekt 13 – Bluse

Für dieses Projekt eignen sich am besten leichte und luftige Stoffe wie zum Beispiel Viskose. Du kannst aber für den Anfang auch einen dünnen Single Jersey nehmen. Ich habe mich für eine feine Viskose entschieden.

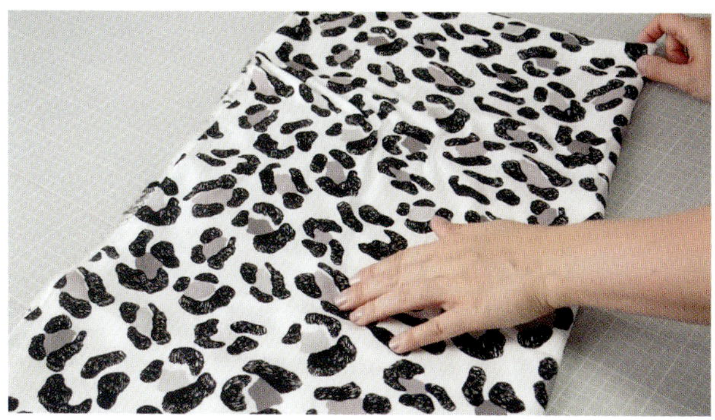

Im ersten Schritt zeichne ich eine waagerechte Linie – dies ist die Linie, an der ich gleich die Breite des Halsausschnitts und die Ärmellänge einzeichnen werde. Im rechten Winkel zu dieser Linie zeichne ich eine senkrechte Linie nach unten. Diese Linie bezeichnet den Bruch des Schnitts.

Im nächsten Schritt zeichne ich die Breite meines Halsausschnittes an der waagerechten Linie ein. Dafür messe ich ab dem Bruch 12 cm aus und setze eine kleine Markierung.

Von diesem Punkt messe ich 24 cm aus und setzte nochmals einen Punkt zur Markierung. Dies ist die Länge meines Ärmels. Du kannst die Länge des Ärmels auch kürzer oder länger wählen. Um deine gewünschte Länge auszumessen, lege ein Maßband am Halsansatz an und messe über die Schulter herunter auf deinen Arm, lies dieses Maß ab und setze gegebenenfalls statt 24 cm deinen gewünschten Wert ein.

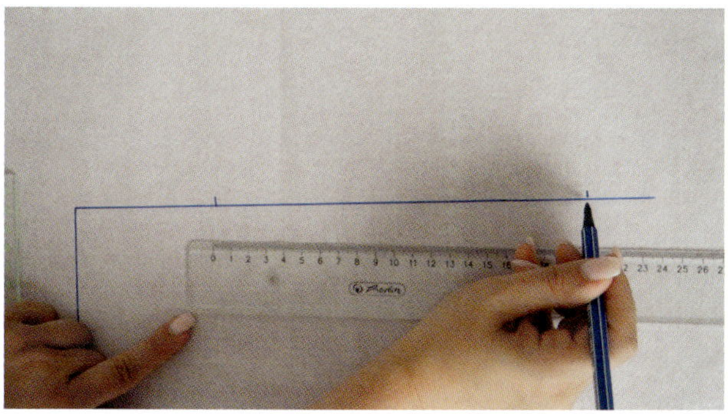

Um die Schulterneigung einzuzeichnen, bleibe ich an dem markierten Punkt, gehe im rechten Winkel 2 cm nach unten und markiere mir diesen Punkt.

Nun verbinde ich den neuen Punkt mit dem Punkt des Halsausschnittes. Dafür lege ich das Lineal an diesen beiden Punkten an und ziehe eine Linie.

Jetzt gehe ich an die senkrechte Linie, die meinen Bruch darstellt, und zeichne den Halsausschnitt für mein Rückteil ein. Dafür messe ich 4 cm vom obersten Punkt der senkrechten Linie entlang ab und setze eine Markierung. Nun verbinde ich diesen Punkt mit dem ersten Punkt, indem ich mein Kurvenlineal einsetze. Das Kurvenlineal erleichtert das Einzeichnen, ist aber kein Muss. Du kannst den Bogen auch einfach von Hand einzeichnen.

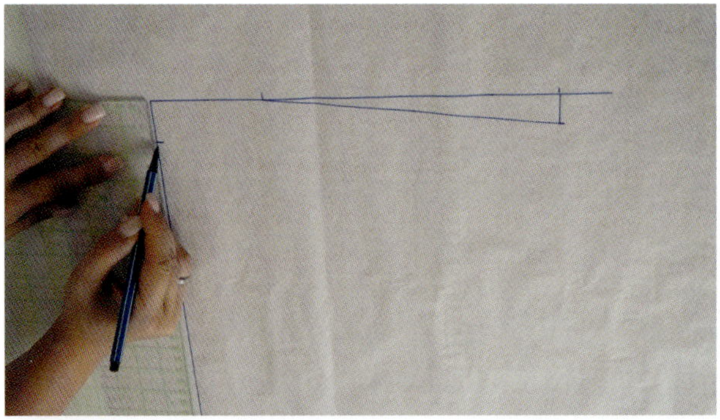

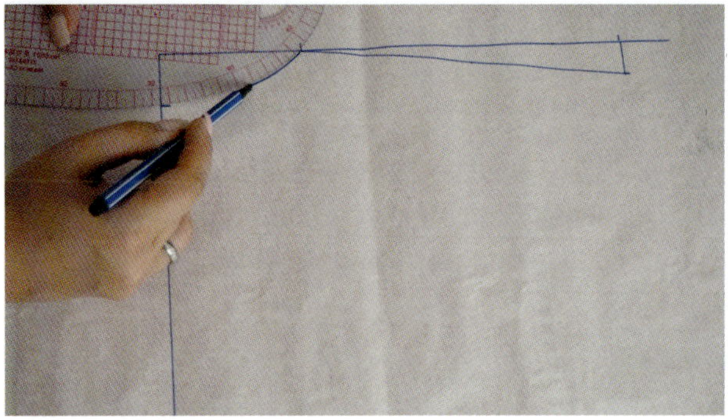

Für den Halsausschnitt im vorderen Bereich bleibe ich auf der Linie vom Bruch und zeichne vom hinteren Halsausschnitt 8 cm weiter unten eine Markierung ein. Diesen Punkt verbinde ich ebenfalls mit dem Kurvenlineal mit dem ersten Punkt.

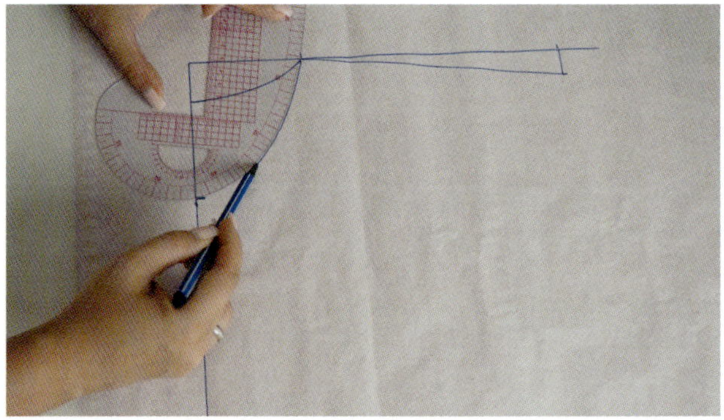

Nun gehe ich wieder am Bruch entlang von dem unteren Punkt des Halsausschnittes 14 cm weiter herunter und setze mir eine Markierung. An dieser Stelle ziehe ich eine waagerechte Linie. Auf dieser Linie setze ich eine Markierung, dafür messe ich folgendes Maß ab:

(Brustumfang + 16 cm) : 4

Setze hier bitte deinen eigenen Brustumfang ein.

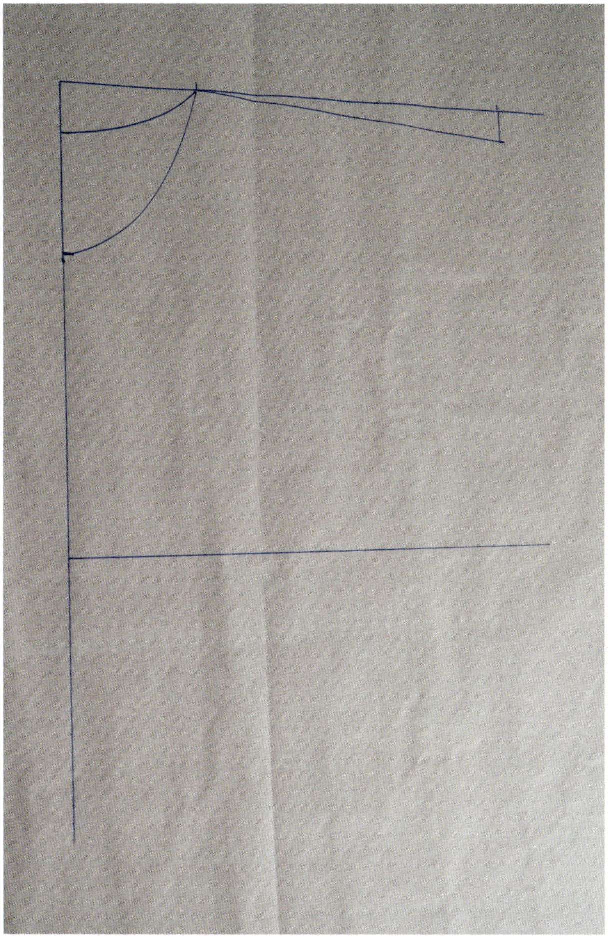

Im nächsten Schritt verlängere ich die Bruchlinie bis zu meiner gewünschten Blusenlänge und zeichne hier ebenfalls eine waagerechte Linie ein.

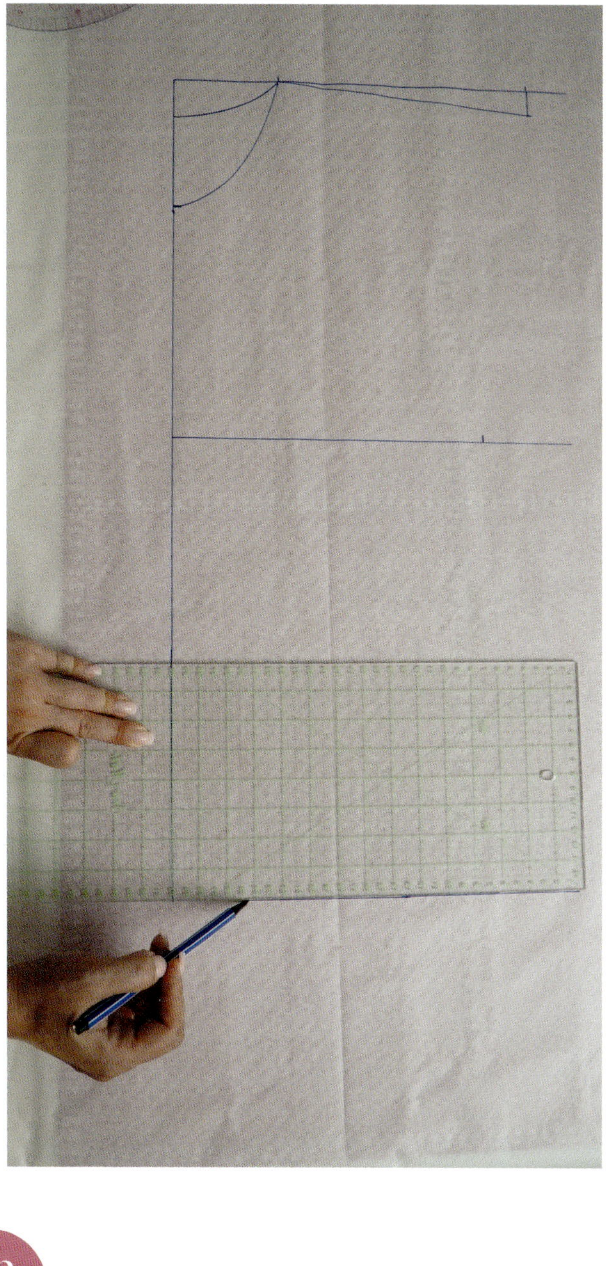

Möchtest du, dass deine Bluse über die Hüfte geht? Dann achte darauf, dass die Bluse unten breit genug ist. Sollte dein Hüftumfang nämlich um einiges größer sein als der Brustumfang, solltest du das auf der neuen Linie markieren. Rechne hierfür ebenfalls: (Hüftumfang + 16) : 4.

Da meine Bluse nicht über die Hüfte geht, übernehme ich den Wert vom Brustumfang auch für die untere Linie.

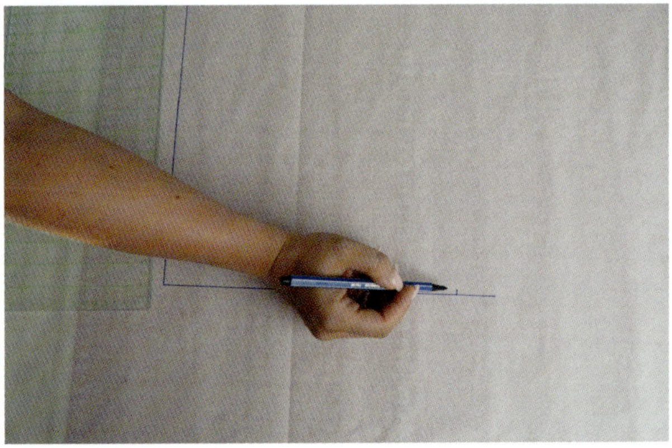

Im letzten Schritt werden die drei äußeren Punkte der Zeichnung verbunden.

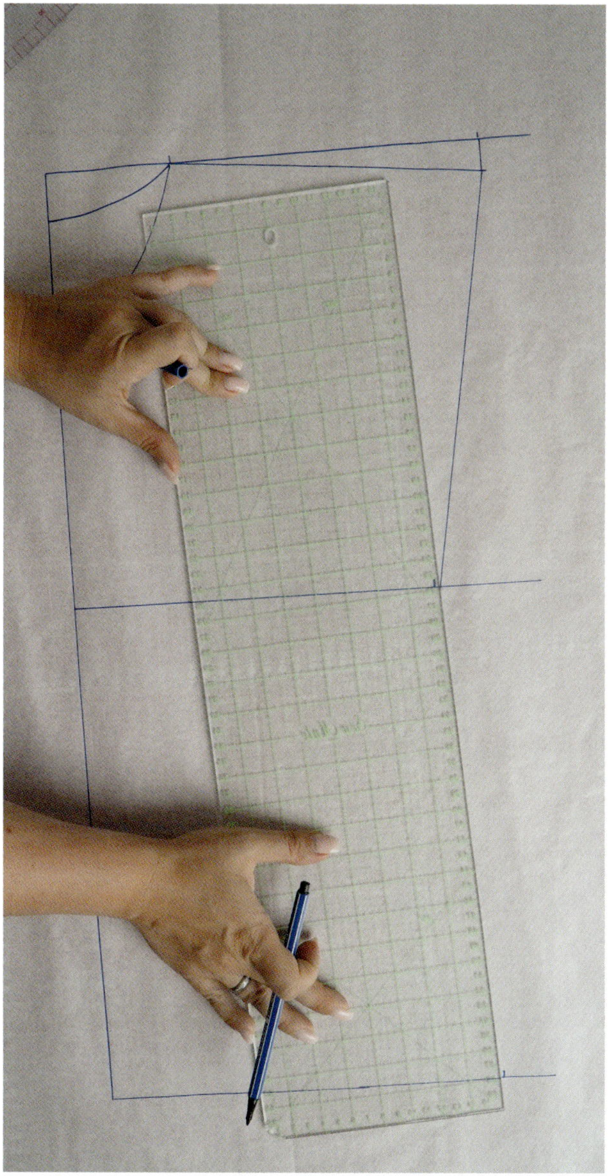

Und so schaut dann dein Schnittmuster aus.

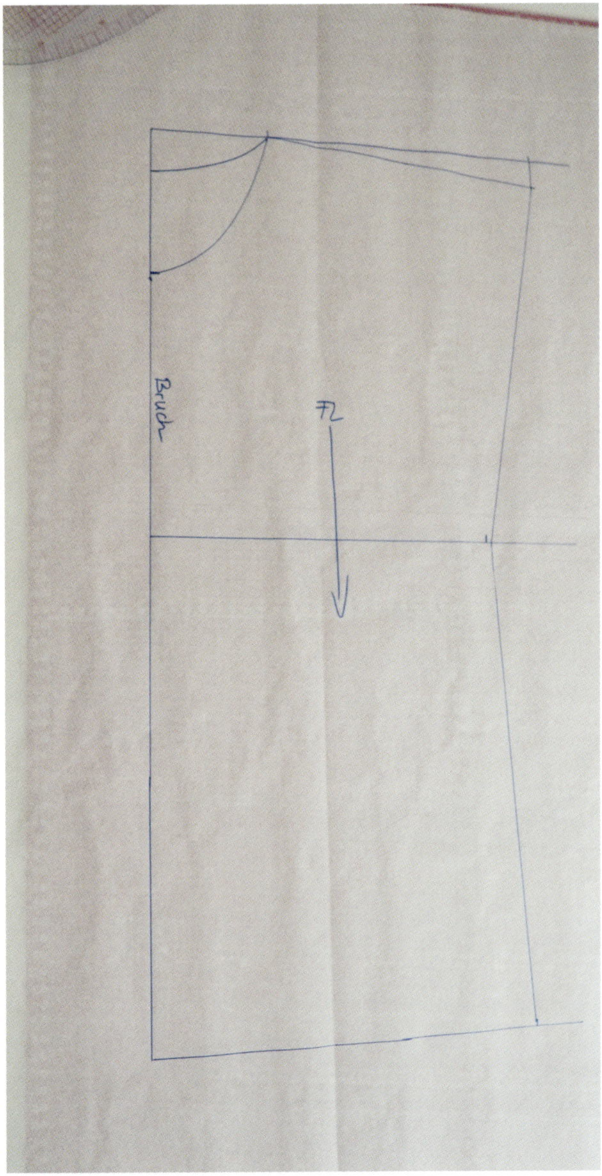

Ich habe in meinem Schnitt noch den Bruch gekennzeichnet und den Fadenlauf eingezeichnet. Dann habe ich auf einem zweiten Stück Schnittpapier den Schnitt abgepaust und ein Schnittteil für das Vorderteil und ein Schnittteil für das Rückteil ausgeschnitten.

Kommen wir zum Zuschnitt ...

Schaue zunächst, ob deine beiden Zuschnitte in eine Breite deines Stoffes reinpassen. Bei mir hat es ganz knapp ausgereicht. Ich habe meinen Stoff mit der rechten Seite nach oben schauend ausgebreitet und habe rechts und links die Seiten zur Mitte geklappt. Somit konnte ich beide Schnitteile im Bruch auf dem Stoff platzieren, anstecken und zuschneiden.

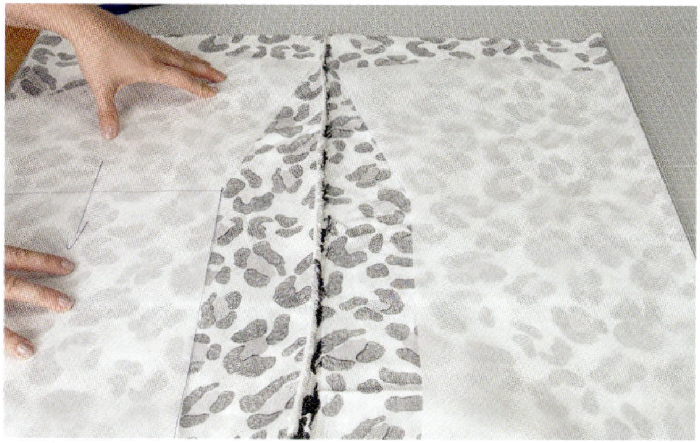

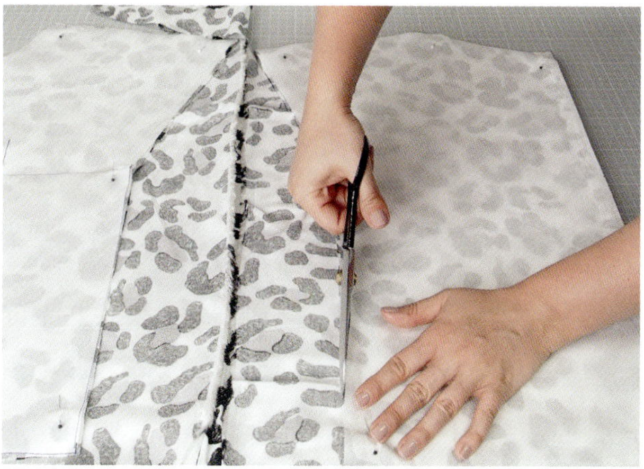

Nun können die Zuschnitte rechts auf rechts zusammengelegt und die Schultern abgesteppt werden. Du kannst hier entweder einen Geradstich wählen und die Nahtzugaben versäubern oder du nimmst wie ich die Overlock.

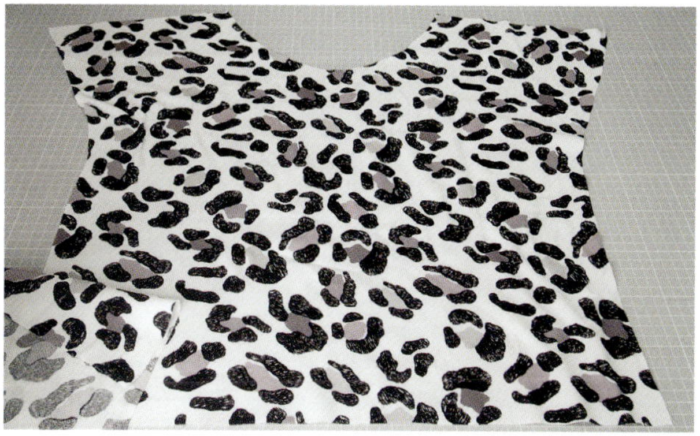

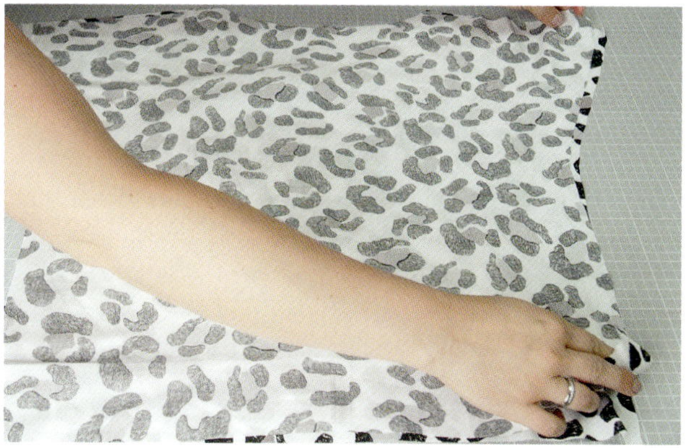

Als Nächstes versäubere ich die beiden langen Außenkanten von der Bluse. Dafür schlage ich die Kante ca. 3–5 mm auf die linke Seite um und steppe einen Geradstich. Danach schneide ich die Nahtzugabe knapp vor der Naht zurück und klappe die Kante nochmals auf die linke Seite um und steppe sie mit einem Geradstich ab. Nach diesem Nähvorgang sollte die Naht gebügelt werden.

Nach dem Bügelvorgang wird die Bluse rechts auf rechts zusammengelegt und die Stelle markiert, bis wohin die Öffnung für den Armausschnitt gehen soll. Probiere am besten die Bluse an dieser Stelle an und stecke dir eine Nadel oder eine Klammer, wo es für dich am bequemsten ist. Bis zu dieser Markierung wird die Bluse mit einem Geradstich abgesteppt und die Nahtzugaben werden im Anschluss auseinander gebügelt.

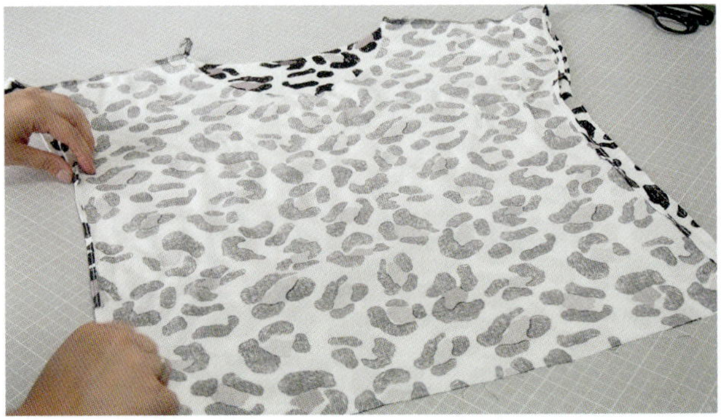

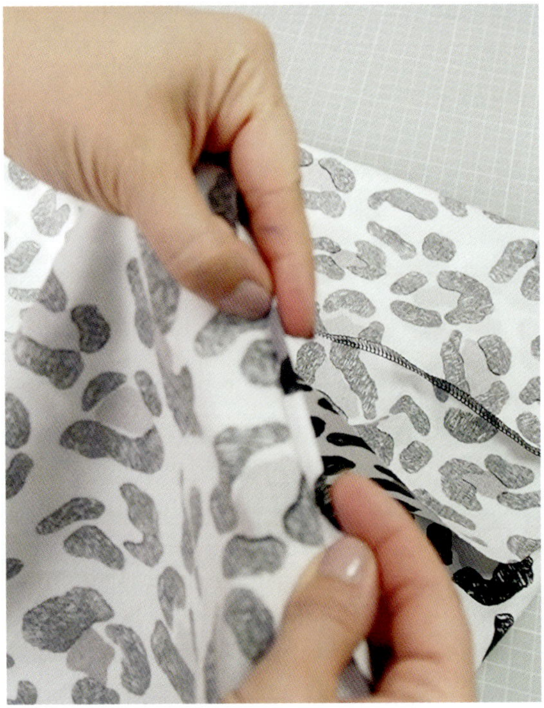

Auch der Halsausschnitt sollte überprüft werden – ob er von der Weite und Tiefe so passt –, bevor man ihn versäubert.

Den unteren Saum verarbeite ich auf dieselbe Weise. Einmal umschlagen, absteppen und dann nochmals umschlagen und absteppen. Du kannst aber den Saum auch breiter steppen, z. B. 1 cm umschlagen und bügeln. Danach 2 cm umschlagen, bügeln und mit einer Nahtzugabe von 2 cm absteppen. Rechne das aber anfangs beim Stoffzuschnitt mit ein.

Zum Schluss wird der Halsausschnitt umsäumt. Dafür nehme ich ein Schrägband, das ich aus demselben Stoff zugeschnitten habe. Das Schrägband ist bei mir insgesamt 4 cm breit und nur einmal in der Hälfte gebügelt.

Das Schrägband lege ich mit den offenen Seiten an den Halsausschnitt, stecke es mit Nadeln rundherum an und steppe es mit einem Geradstich ab.

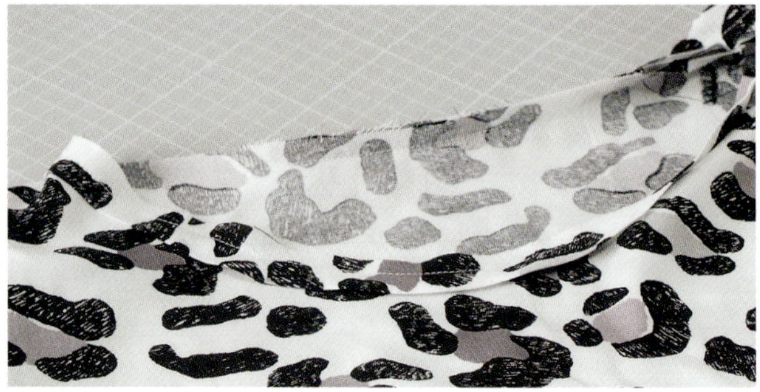

Jetzt schneide ich die Nahtzugabe bis ca. 2 mm vor die Naht zurück, klappe das Schrägband nach innen ein und steppe es mit einem Geradstich rundherum ab. Wenn du diesen Vorgang zum ersten Mal durchführst, hefte gerne das Schrägband von Hand an, damit dir das Absteppen gut gelingt.

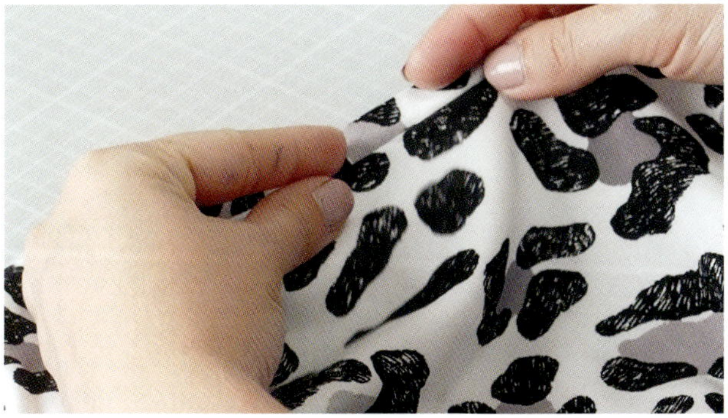

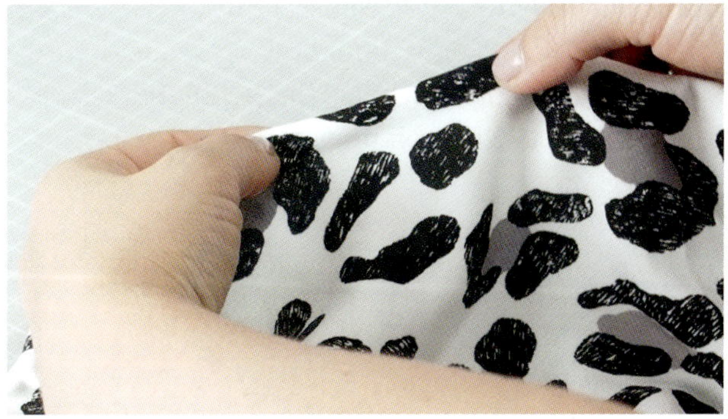

Ich gratuliere dir zu deinem ersten nach Maß genähten Kleidungsstück! Du kannst stolz auf dich sein, diese Herausforderung angenommen zu haben!

Die Video-Nähanleitung zu dieser Bluse findest du hier:

Danksagung

Mein Dank geht an ...

... meine Kinder, Milena und Amaya, die jederzeit meine Inspiration, mein Antrieb und meine Lebensfreude sind!

... meinen Mann Thomas, der mir immer zur Seite steht, den Rücken stärkt und mit mir durch alle Höhen und Tiefen geht! Und sich vor allem um die Technik kümmert – die mich ab und an zum Verzweifeln bringt ...

... meine Eltern Natalia und Wladimir, die mich immer bestärken und in allem unterstützen und mich vor allem auch ermutigen, meine Träume zu leben.

... meine Schwester Maria, die immer ein offenes Ohr für mich hat, an mich glaubt und mich jederzeit bestärkt.

... die Familie Schachmeier, die mir in der Zeit des Buchschreibens den Rücken freigehalten, gekocht und die Kinder betreut hat.

... die Mädels von der Maia Academy – Antoanela und Georgiana – die mich mental unterstützt und gestärkt haben.

... Regina von www.foto-design24.de für die Bilder.

... Susanne von www.annasnaehschule-shop.de für die Bereitstellung der Stoffe.

... Felix Seifert vom Eulogia Verlag für die tolle Unterstützung, die stetige Kommunikation, die Hilfestellung, das Vertrauen und die schöne Zusammenarbeit.

Liebe Leserin, lieber Leser,

hat Ihnen dieses Buch gefallen? Wir freuen uns über Ihre Verbesserungsvorschläge, Kritik und Fragen zum Buch.

Die Meinung und Zufriedenheit unserer Leserinnen und Leser ist uns sehr wichtig.

Kontaktieren Sie uns deshalb gerne und schreiben uns eine E-Mail an ***feedback@eulogiaverlag.de***

Wir freuen uns auf Ihre Nachricht.

Herzlichst

Ihr Eulogia Verlags Team